Histoires à trembler de la tête aux pieds

Alfred Hitchcock
présente

Histoires à trembler de la tête aux pieds

HACHETTE
Jeunesse

SÉRIE *HISTOIRES A...* DANS LA BIBLIOTHÈQUE VERTE

Histoires à ne pas fermer l'œil de la nuit
Histoires à claquer des dents
Histoires à trembler de la tête aux pieds
Histoires à se cacher sous le lit

Hachette Livre, 43, quai de Grenelle, 75015 Paris

Le musée médusant

par ELLIOTT CAPON

La porte d'entrée était encadrée par des fenêtres, toutes deux drapées de noir et de violet. Derrière celle de gauche, on voyait un président Kennedy grandeur nature, souriant et saluant de la main, comme il le faisait au moment d'être tué. Derrière l'autre fenêtre, se tenait un être fantastique : pour moitié, c'était Anthony Perkins brandissant une hache, et l'autre moitié, c'était encore Perkins mais vêtu comme sa mère, avec un grand couteau à la main. Il y avait vraiment là de quoi être médusé, pour reprendre ce mot dont notre prof nous avait récemment appris la signification.

Et tout cela se situait à Bellerive, petite ville dont le nom montre bien que les Français l'avaient vendue à John Adams ou Andrew Jackson avant que la fabrique de caoutchouc n'ait transformé la rivière en une sorte d'épais sirop. Bellerive n'était pas un bourg mais une ville de quelque douze mille habitants, où néanmoins tout le monde se connaissait plus ou moins. Nous avions quatre temples protestants, une église catholique et même une synagogue. Nous avions une section des Anciens Combattants, des Chevaliers de l'American Legion et quantité d'organismes charitables. Tout le monde appartenait à ceci ou cela, ce qui entraînait un salutaire brassage de la population. Quelques années plus tard, j'ai lu un roman intitulé *Siege* et dû à un certain Edwin Corley, dont une phrase demeure gravée dans la mémoire du quadragénaire que je suis maintenant : « Il avait conscience d'être noir, tout comme Clayton se savait rouquin, et jusqu'alors ça n'avait pas eu plus d'importance. » Telle était Bellerive, où mon père officiait à la synagogue et où j'avais pour meilleurs copains Vince, qui allait à l'école catholique, et Pat Carter, qui était noir, sans que cela eût la moindre importance à nos yeux. Dire que Bellerive constituait une sorte de grande famille heureuse serait excessif, mais on y sympathisait volontiers.

Et c'est là, je pense, une des raisons pour

lesquelles nombre de gens à Bellerive n'aimaient pas Mr Berrigan.

A New York, Chicago ou Los Angeles, le musée de Cires Berrigan eût été noyé dans la masse, mais à Bellerive il agissait à la façon d'un aimant. Bellerive se trouvant non loin d'un parc national, si l'on y ajoutait l'attrait d'une visite au musée Berrigan, cela constituait un but d'excursion familiale. Alors, surtout pendant le week-end et durant l'été, quantité de voitures amenaient chez Berrigan des visiteurs qui allaient ensuite finir la journée sous les ombrages du parc. Ces gens venaient d'une centaine de kilomètres à la ronde pour voir le musée de Cires, mais rares étaient ceux qui après allaient effectuer un achat quelconque dans Fremont Street, notre artère commerçante, pour la bonne raison qu'elle ne leur offrait rien qu'ils ne pussent trouver dans leur propre grand-rue. Le maire et les conseillers municipaux avaient tous un ou plusieurs commerces dans Fremont Street ; d'où leur amertume de voir tous ces visiteurs remonter en voiture et quitter Bellerive après y avoir seulement dépensé un dollar au profit de Berrigan. Le *Restaurant des Familles* bénéficiait un tout petit peu de ces visites, mais la plupart des touristes avaient des paniers de pique-nique dans leurs voitures. Le musée de Cires n'était en rien responsable de cet état de choses, mais cela engendrait du ressentiment.

Et il y avait aussi que Mr Berrigan n'appartenait à aucun groupe ou association. Personne ne savait grand-chose de lui, pas même nous, les gosses. Il vivait seul, au-dessus du Musée, et nous n'avions jamais su s'il était veuf, divorcé ou célibataire endurci. Il n'assistait guère aux offices que pour Noël, et tantôt chez les méthodistes, tantôt chez les baptistes. Jamais on ne le voyait aux débats du conseil municipal, et pas davantage au traditionnel pique-nique organisé en faveur de la caisse de secours des pompiers. Et il nous arrivait d'entendre nos parents le traiter de « drôle de bonhomme » ou de « type bizarre ».

Enfin, la troisième raison pour laquelle les grandes personnes n'aimaient pas Mr Berrigan résidait dans le fait que nous, les gosses, raffolions de l'arrière-salle du Musée.

Nul ne pouvait nier que Mr Berrigan avait une sorte de génie pour créer des statues de cire en leur donnant l'apparence de la vie. Il y avait notamment un Elvis Presley se déhanchant, Marilyn Monroe — dans la fameuse scène où elle s'efforçait d'empêcher sa jupe de se relever —, John Wayne, Jane Russel, et bien d'autres encore. Je pense que Vincent Price a dû tourner une demi-douzaine de films où ses statues semblent vivantes parce qu'il s'agit de corps humains sur lesquels il a fait couler de la cire en fusion. Mais celles sorties des mains de Mr Berrigan étaient encore plus réussies, au point qu'il arrivait souvent qu'un visiteur pose une question à ce qu'il croyait être un gardien, ou s'excuse de passer devant une dame qui semblait pétrifiée d'admiration face à l'un de ces chefs-d'œuvre.

Tout cela était parfait pour les grandes personnes et les touristes, mais nous, à peine avions-nous donné notre dollar, que nous foncions vers l'arrière-salle, dont l'entrée était masquée par un rideau noir au-dessus duquel une pancarte proclamait « Chambre des Horreurs ».

Là, il y avait Frankenstein, Dracula, le Loup-Garou, la Momie, et un socle vide avec une plaque où l'on pouvait lire « L'Homme invisible » ! La Créature du lac Noir, Jack l'Éventreur… On y voyait aussi ce que Berrigan prétendait être d'authentiques instruments de torture utilisés par l'Inquisition espagnole, et ceux qui y étaient soumis nous regardaient avec une expression de souffrance atroce peinte sur le visage. Des doigts magiques de Berrigan étaient également sortis des araignées géantes, des chauves-souris, de gros rats, des hiboux dont les yeux brillaient dans la pénombre sous l'effet de l'éclairage indirect. C'était hallucinant et, notre imagination s'en donnant à cœur joie, nous finissions par éprouver un réel sentiment de peur, ce que nous adorions. Nous jouions alors à pousser des cris, en nous pourchassant bras tendus, nos doigts simulant des griffes ou des serres. Et puis il y en avait toujours un qui restait planté devant les scènes de torture, en proie à une délectation morbide. L'un de ceux-là, un nommé Larry que je ne connaissais que vaguement, assassina seize ans plus tard sa femme, ses beaux-parents et sa belle-sœur, mais ça n'est, je pense, qu'une coïncidence.

Nos âges s'échelonnaient de dix à quatorze ans et nous étions en pleine phase de films S.F. ou d'horreur, dont nous nous délections le samedi en matinée au *Bristol* sans que personne y trouve à redire.

Puis une rumeur se mit à courir par la ville, selon laquelle l'arrière-salle du musée Berrigan contenait des choses trop horribles pour être vues par des jeunes à l'esprit hypersensible et impressionnable. On en discuta avec fièvre dans les réunions. Il n'était pas possible de fermer le Musée (comme cela s'était fait en moins de quinze jours pour un sex-shop) non plus que d'interdire à Berrigan de reproduire les monstres des films, mais les parents pouvaient interdire à leur progéniture d'aller au Musée, apportant ainsi une trentaine de dollars à Berrigan une ou deux fois par semaine. Nos parents nous refusant ce dollar tant désiré, nous aurions dû nous priver de nos journaux de B.D. un mois durant pour avoir de quoi nous payer une seule visite au Musée. Alors, nous avions beau raffoler de la chambre des Horreurs, consentir un tel sacrifice pour revoir encore les mêmes statues était au-dessus de nos forces.

Je ne pense pas que Mr Berrigan se soit senti poussé vers la faillite par cette diminution de ses revenus, mais il dut néanmoins la ressentir durement. Quelques semaines après qu'il eut été ainsi privé de sa plus fidèle clientèle, il retira la statue du président Kennedy et la remplaça derrière la fenêtre par une du maire, Mr Hubert. Celui-ci était gros et avait tendance à transpirer abondamment ; en sus de quoi, dès le début de l'après-midi, il commençait à paraître mal rasé. Et la statue de Mr Hubert était d'une ressemblance frappante... A la vérité, le maire paraissait juste un peu plus gros, comme étaient juste un peu plus abondantes les gouttes de sueur si parfaitement imitées sur son front, juste un peu plus accentuée l'ombre de la barbe renaissante. Et, derrière l'autre fenêtre, Berrigan avait tourné la statue des Bates mère et fils de façon qu'elles eussent l'air de *regarder* Mr Hubert.

Tout le monde trouva cela très amusant, sauf le maire bien sûr. Mais il ne pouvait rien faire, Mr Berrigan ayant eu l'astuce de payer l'insertion, dans le quotidien régional, d'un encadré annonçant que c'était là un hommage rendu à notre si dévoué maire.

Environ une semaine plus tard, Pat et moi (Vince n'était pas là, parce que les écoles catholiques ne fermaient pas durant la semaine avant Pâques, tandis que la semaine suivante Pat et moi serions de retour dans cet enfer communément appelé « la 6e ») étions dans Boston Alley, une venelle parallèle à Fremont Street, sur laquelle donnent les entrées de service des commerçants de l'artère principale. Personne n'y passe jamais et c'est pourquoi nous aimions y venir.

Ce jour-là, nous jouions à être des agents du F.B.I. à la recherche d'un espion russe qui s'était emparé de plans ultra-secrets et qui nous avait esquivés en s'enfournant dans cette ruelle. Nous essayions donc toutes les portes car il avait forcément dû se réfugier dans une des maisons. Lorsque Pat tourna la poignée de la porte de service du Musée, celle-ci céda sous sa poussée. La surprise fut telle que nous restâmes un moment à nous regarder bouche bée, tels le négatif et l'épreuve d'une même photo.

Ce fut Pat qui prit l'initiative :

« Entrons ! » chuchota-t-il.

En cette période de vacances scolaires, nous savions qu'il y aurait un afflux de touristes pour tenir Mr Berrigan occupé. Nous entrâmes donc et nous trouvâmes sur un petit palier, d'où quelques marches montaient vers une porte que nous savions être celle de la chambre des Horreurs, cependant qu'un escalier s'enfonçait dans le sous-sol. Comme Mr Berrigan nous connaissait bien, s'il nous voyait dans le Musée, il se rendrait tout de suite compte que nous avions resquillé d'une façon ou d'une autre. Nous optâmes donc pour la descente, après que j'eus soigneusement refermé la porte de la venelle.

L'escalier décrivait une courbe et lorsque nous l'eûmes franchie, nous restâmes médusés. Nous nous trouvions dans le sous-sol du musée de Cires, qui ressemblait tout à fait au laboratoire d'un savant fou comme on en voit dans les films d'horreur.

Il y avait là une immense cuve pleine de cire bouillonnant doucement. Une table d'aussi grandes proportions était couverte de tout ce que Mr Berrigan utilisait pour confectionner les statues : couteaux, spatules, pinces, cordons, yeux de verre, perruques, etc. Mais ce qu'il y avait de plus impressionnant, de plus incroyable, de plus *merveilleux* pour des gosses de 6e, c'était les œuvres en cours de réalisation. Tout autour de la pièce, ce n'était que têtes, bras, jambes, torses. La tête d'un président Johnson à demi terminée reposait sur la table, non loin d'un corps vêtu d'un costume de cowboy mais n'ayant encore ni bras ni tête, et à des crochets plantés dans les murs étaient suspendues des têtes monstrueuses. Saisissant sur la table un bras couvert d'écailles, je le brandis en émettant un grognement à l'adresse de Pat, lequel me paya de retour en tenant devant son visage une tête d'extraterrestre et progressant vers moi à pas comptés. Nous éclatâmes de rire, mais nous tûmes aussitôt, car nous ne tenions pas à risquer d'alerter ainsi Mr Berrigan. Notre exploration se poursuivait depuis une demi-heure environ quand nous entendîmes un craquement qui nous terrifia. Nous nous ruâmes vers l'escalier et nous retrouvâmes, haletants, dans Boston Alley où nous nous congratulâmes pour notre audace, sans plus nous soucier de l'espion russe et des plans ultra-secrets.

Le samedi suivant, nous emmenâmes Vince avec nous et nous nous faufilâmes tous les trois dans l'atelier. Entre-temps, le cow-boy était devenu le portrait craché de Robert Mitchum Cette fois encore, nous demeurâmes un long moment à admirer, puis nous nous esquivâmes.

Comme nous avions pu constater que cette porte n'était jamais fermée durant la journée, nous revînmes souvent en ce lieu enchanté au cours des semaines qui suivirent, parfois même j'y venais tout seul. Nous n'avions plus la possibilité de voir les statues de Mr Berrigan lorsqu'elles étaient terminées, mais nous trouvions un plaisir encore plus grand à suivre ainsi leur réalisation.

Durant tout ce temps, le maire ne décolérait pas. Il ne pouvait décréter la fermeture du Musée, comme il l'avait fait pour le sex-shop, ni poursuivre en justice Berrigan pour outrage ou scandale public puisque la statue était censée être un hommage à sa personne. Bien entendu, la majeure partie de la population riait derrière son dos, ce qui était le but visé par Mr Berrigan. Mais le maire eut une idée, dont il fit état à la réunion suivante du conseil municipal : classer Fremont Street rue commerçante, d'où seraient exclues les entreprises où l'on ne pouvait rien acheter ni consommer. Étant tous des amis du maire, les conseillers municipaux votèrent la chose à l'unanimité et, dès le lendemain, Mr Berrigan se vit notifier qu'il disposait de soixante jours pour se mettre en règle. Évidemment, il pouvait déposer au pied de ses statues une pancarte avec un prix et *prétendre* qu'elles étaient à vendre, mais cela ne lui donnait pas le droit de faire payer les gens pour venir les voir. Il ne disposait donc d'aucune échappatoire. Comme je l'ai dit, il n'assistait jamais aux réunions du conseil municipal — qui étaient publiques — et personne à Bellerive ne prit sa défense. Dans deux mois, il lui faudrait donc avoir vidé les lieux.

Bien qu'à regret, tous nos parents nous donnèrent un dollar pour que nous puissions aller admirer une dernière fois les statues de cire. Nous dîmes tous à Mr Berrigan combien nous étions désolés de ce qui lui arrivait, mais il se borna à hausser les épaules en secouant la tête. Nous savions que ce musée était tout pour lui et que c'était comme si on lui arrachait le cœur, mais nous savions aussi qu'il n'était pas homme à laisser paraître son chagrin devant des gosses.

Six semaines environ après ce fameux vote du conseil municipal, l'American Legion donna sa fête annuelle au Legion Hall, un ancien temple maçonnique où avaient lieu aussi la plupart des repas de noce et de bar-mitzvah. Plus de un millier de personnes assistèrent à cette fête, qui constituait chaque année pour Bellerive la grande mondanité, où se coudoyaient amicalement, dans un bel élan patriotique, les protestants et les catholiques, les juifs et les Noirs.

Moi, bien sûr, je n'y assistais pas, mais le *Courier* du lendemain relata la chose avec tant de détails et de précision, que ce fut comme si j'avais tout vu.

Passé minuit et demi, des gens commencèrent à s'en aller. Parmi eux se trouvait Mr Hubert, le maire, tout gonflé des félicitations qu'il avait reçues pour la façon magistrale dont il avait résolu le problème du musée de Cires. Il traversait la rue séparant le Hall du parking quand cette grande voiture noire — une Cadillac, d'après tous les témoignages — arriva à fond de train en projetant du gravier dans toutes les directions, et heurta le maire de plein fouet avec une force telle que le corps fut projeté à une quinzaine de mètres et que Mr Hubert décéda avant même d'être retombé sur le sol. La voiture poursuivit sa course folle, sans même avoir ralenti.

Mais ce qui rendait l'histoire du *Courier* encore plus intéressante c'est que, en passant devant le Legion Hall, les projecteurs de la fête avaient illuminé l'intérieur du véhicule et il y eut ainsi pas moins de dix-sept personnes pour donner le même signalement du conducteur : un homme dans les cinquante ans, brun avec les tempes dégarnies, plutôt corpulent, arborant une petite moustache et des lunettes aux verres sans monture. Et ce qui rendait la chose encore plus palpitante, c'est que tous les témoins s'accordaient à dire que le visage de cet homme exprimait l'épouvante avant même qu'il ne heurte le maire et que cette expression ne s'était pas modifiée après le drame. L'hypothèse tendant à prévaloir était que l'accélérateur avait dû se coincer et que, incapable de contrôler ou d'arrêter la voiture, l'homme avait été pris de panique à la suite de l'accident qu'il venait de provoquer. Bien que la police d'État fût venue participer à l'enquête, le journal du soir disait qu'on ne disposait d'aucun indice. Un portrait-robot du chauffard parut dans toute la presse régionale et fut même montré à la télévision.

Aussi lorsque Pat et moi nous retrouvâmes le lendemain dans Boston Alley, nous ne parlâmes guère que de ça. Nous n'étions pas émus par la fin tragique de celui qui nous avait privés de notre plus grand plaisir, mais il n'en restait pas moins que l'auteur d'un tel crime méritait d'être châtié. Nous l'imaginions même soumis aux tortures dont le Musée nous avait apporté la révélation.

Mon père travaillait pour une entreprise de déménagement et nous apprîmes ainsi, le jour suivant, qu'un grand camion avait été commandé par Mr Berrigan pour transporter ses statues dans un garde-meuble, à quelque trois cents kilomètres de Bellerive. A bout d'imagination en ce qui concernait les châtiments qu'on devrait infliger à l'assassin du maire, nous décidâmes de faire une ultime descente dans l'atelier de Mr Berrigan.

Au cours des semaines précédentes, l'aspect de l'atelier ne s'était guère modifié, comme si Mr Berrigan avait renoncé à créer de nouvelles statues, ce qui était bien compréhensible. Mais cette fois-ci, je fus d'emblée frappé par quelque chose qui se trouvait sur la grande table, au milieu de boules de cire, de têtes inachevées et d'armes. M'approchant, je pris la chose en question qui se révéla être un de ces « périscopes » en carton avec deux petits miroirs, comme on pouvait en acheter pour un dollar et quelques dans n'importe quel supermarché. Ça vous permettait de regarder par-dessus un mur de clôture ou d'épier à l'angle d'une maison sans être vu par l'ennemi, ce qui était bien commode quand nous jouions aux espions. Mais de quelle utilité cela pouvait-il être à Mr Berrigan ?

Pat, lui, était allé à l'autre bout de la salle, où il y avait une statue dissimulée sous une bâche.

« Je ne crois pas qu'elle était là les autres fois, me chuchota-t-il.

— Moi non plus, fis-je de même.

— Voyons ce que c'est », dit Pat en écartant la bâche.

Apparut alors à nos yeux un homme d'une cinquantaine d'années, plutôt corpulent, avec les tempes dégarnies, une petite moustache noire et des lunettes aux verres sans monture. Ses mains étaient tendues en avant, comme pour tenir un volant. Son visage était figé en un rictus exprimant l'effroi. Avant même que j'aie pu réagir, Pat avait reculé en poussant un cri, entraînant la bâche avec lui. La statue vacilla mais recouvra son équilibre.

« Pat ! dis-je dans un souffle. Ça ressemble au portrait-robot du type qui conduisait la voiture !

— Une statue ne peut pas conduire », me rétorqua-t-il une main plaquée sur la poitrine, comme pour calmer les battements de son cœur.

Je brandis le périscope :

« Non, mais si quelqu'un installait la statue dans une voiture pour donner l'impression d'un conducteur au volant, puis s'asseyait par terre de façon à pouvoir effectuer les manœuvres, ce truc-là lui permettrait de voir à travers le pare-brise, et donc de diriger la voiture !

— Veux-tu dire que… », commença Pat, mais nous entendîmes alors un bruit de pas précipités en provenance de l'escalier.

« Qui est là ? » hurla la voix de Mr Berrigan.

C'étaient les premières paroles que nous l'entendions prononcer depuis des semaines.

« Cachons-nous ! » haletai-je en me précipitant derrière des caisses.

J'espérais que Pat avait pu lui aussi se trouver une planque, mais je n'avais plus conscience que du sang battant dans mes oreilles.

« Qui est là ? répéta Mr Berrigan en atteignant le bas de l'escalier. Inutile de vous cacher ! Je vous ai entendu ! »

Je faillis me montrer car, après tout, si j'étais là sans autorisation, je n'avais pas forcé la porte ni volé quoi que ce fût. Par la suite seulement, je m'avisai que Mr Berrigan avait tout intérêt à éliminer des témoins de son forfait.

En me redressant derrière les caisses, je me trouvai face à la statue du conducteur, mais Mr Berrigan se tenait entre elle et moi, me tournant le dos. J'étais sur le point de manifester ma présence, lorsque la statue de cire au visage horrifié avança de quelques centimètres dans le même temps que, derrière elle, une voix grave prononçait :

« Berrigan ! »

Il sursauta et moi aussi, puis je reconnus la voix que Pat prenait lorsqu'il imitait son père. Que manigançait-il ?

« Berrigan ! répéta la statue en avançant encore légèrement. Tu as mal agi ! Va te dénoncer ! »

Je faillis m'écrier « T'es dingue, Pat ? » mais cela me resta dans la gorge. S'il avait une idée pour nous tirer de là, autant le laisser faire.

Mr Berrigan était pétrifié sur place :

« Qu... que... », balbutia-t-il.

Les mains de la statue remuèrent.

« Tu ne t'en tireras pas, dit la voix du père de Pat. Tu ne pourras pas vivre avec ça sur la conscience. Va te dénoncer. »

La statue avança encore un peu, puis se balança légèrement. Mr Berrigan essayait de parler, mais seul un gargouillis sortait de ses lèvres. Enfin, il parvint à articuler :

« Il... Il m'a tout pris ! Il vous a arrachés à moi !

— Nous ne sommes que de la cire, Berrigan... Nous ne sommes rien, tandis que toi, tu as tué un homme. »

La voix s'enfla :

« Tu as commis un grand péché, Berrigan !

Et tu as fait de moi ton complice. Va trouver la police ! Va te dénoncer ! Tout de suite ! »

Et voilà Mr Berrigan qui tombe à genoux et se met à supplier la statue de lui pardonner ! J'eus peine à réprimer un éclat de rire, mais tout à ses implorations, il ne risquait pas de m'entendre.

Une main de la statue se tendit vers l'escalier :

« Allez ! dit la voix du père de Pat. Vas-y ! »

Je n'en croyais pas mes yeux quand je vis Mr Berrigan se remettre debout, puis gagner l'escalier, gravir les marches, sans cesser d'implorer pardon.

La porte d'en haut claqua derrière lui.

Du coup, la tension et la peur qui m'habitaient disparurent, et je fus pris d'une crise de fou rire. Quand je parvins à me calmer, Pat était devant moi, ouvrant de grands yeux et en proie à des tremblements.

« Oh ! c'était super ! dis-je en lui tendant la main. Serre-m'en cinq, Pat !

— Mais je n'ai rien fait !

— Que veux-tu dire ? Tu as flanqué une telle frousse à Mr Berrigan qu'il est parti se dénoncer. »

Pat secoua la tête :

« Non... Je te répète que je n'ai rien fait. »

Alors, impulsivement, nous nous tournâmes

vers la statue de cire. Puis nous nous ruâmes vers l'escalier et ne reprîmes notre souffle qu'une fois dehors…

Car lorsque nous nous étions tous deux tournés vers la statue de cire, elle nous avait souri.

Fun and Games at the Whacks Museum
Traduction de Maurice B. Endrèbe.

Y a plus d'enfants !

par Ellane Michael

« Qu'est-ce que vous faites, m'sieur ? »

Jake se figea, la semelle au-dessus de sa pelle. Puis, posément, il pesa de tout son poids et enfonça la lame dans le trou qu'il était en train de creuser.

« T'es pas un peu jeune pour traîner dehors, à c'tte heure ? »

Jake examina les arbres qui bordaient la clairière. Toutes les maisons du lotissement situé derrière étaient plongées dans l'obscurité. A trois heures du matin, cela n'avait rien que de très normal.

« Je campe, annonça le gamin. Je passe la nuit sous la tente que mon père a montée dans notre jardin.

— T'es tout seul ? questionna Jake, peu désireux de voir se profiler la silhouette du papa au clair de lune.

— Ouais. Tout seul. J'ai huit ans, vous savez.

— Alors comme ça, t'as huit ans ? fit Jake, se remettant à creuser. Tes parents t'ont jamais dit que ça pouvait être dangereux de se balader tout seul la nuit ?

— Si. »

Les mises en garde familiales n'avaient apparemment guère impressionné l'intrépide. Meurtre, kidnapping, sévices à enfants : c'était bon pour la télé, ça n'existait pas dans la réalité. Jake jura dans sa barbe. Pas étonnant que le monde fût si dépravé. C'était à croire que les gens cherchaient les emmerdements. Jake observa le garçonnet silencieux, qui fixait les ténèbres.

« T'as déjà été en Chine ? s'enquit Jake, puisant dans ses souvenirs d'enfance.

— Non.

— Moi non plus, fit Jake, continuant de creuser. Ça me plairait drôlement d'aller traîner mes guêtres dans un pays exotique. Mais comme j'ai pas les moyens de me payer le voyage, j'ai décidé de creuser un tunnel.

— Je vous crois pas. Faudrait que vous soyez débile pour faire un truc pareil. (Une expression de mépris se peignit sur les traits du gamin.) Vous savez pas qu'y a du métal au centre de la terre ? Du métal et un liquide brûlant comme de la lave ?

— T'en connais un rayon, dis donc !

— Je suis en neuvième. Dans notre classe, y a des grandes photos de la terre sur les murs ; en ce moment, on étudie les roches, les volcans et les tremblements de terre. En plus, j'ai une carte d'abonnement à la bibliothèque. J'y vais quand je veux !

— Ça, c'est chouette. Dis-moi, tu crois pas que tu devrais te glisser dans ton sac de couchage ? Sinon, tu risques de piquer du nez sur tes cahiers, à l'école, demain.

— Demain, c'est samedi. Y a pas cours.

— A ton âge on a besoin de beaucoup de sommeil.

— Je suis pas fatigué. Vous voulez que je creuse un moment ?

— Non ! »

Jake n'avait pas eu l'intention de crier comme ça. Il aimait les enfants. Il les aimait vraiment. Les enfants n'étaient-ils pas l'avenir ? N'était-ce pas pour eux qu'il venait ici chaque mois creuser un trou jusqu'au niveau de l'eau ? L'avenir, il ne pensait qu'à ça…

« C'est interdit par la loi, ce que vous faites ?

s'enquit le mouflet curieux, pas angoissé pour deux sous.

— Déterrer un trésor, c'est contraire à la loi ? rétorqua Jake, persuadé de lui avoir cloué le bec.

— Ce terrain appartient à la Compagnie de l'Électricité. Même que c'est mon père qui me l'a dit. La Compagnie passe la tondeuse, entretient tout, et nous, on peut y jouer. Vu que personne pourra jamais construire de maison derrière la nôtre, c'est comme si on avait un jardin double.

— Formidable.

— Si vous trouvez un trésor, vous pourrez pas le garder : il faudra le donner à la Compagnie.

— Non mais sans blague ! Si je le trouve, je le garde. C'est pas toi qui irais cafter, pas vrai ? »

Jake plissa le front et fit une grimace qu'il espéra suffisamment impressionnante.

« Pourquoi j'irais pas ? »

Depuis quand les gamins de huit ans étaient-ils nantis d'un culot pareil ? Jake décida de changer de tactique.

« Cet argent, il me le faut, déclara-t-il en s'appuyant lourdement sur sa pelle. J'ai quatre gosses à nourrir. »

Il n'était même pas marié, mais son jeune interlocuteur n'avait pas besoin de le savoir.

Quant au fric, il en avait. Ce qu'il faisait en ce moment, c'était pour le principe. Point final.

« Ils s'appellent comment ?

— Quoi ?

— Vos enfants.

— Voyons voir... (Est-ce que ce lardon essayait de le piéger ?) Melissa, douze ans. Johnny, neuf ans...

— En quelle classe il est, Johnny ?

— Euh !... en neuvième.

— Comme moi. Il redouble parce qu'il était trop faible ?

— Non. Il a eu des tas de problèmes de santé l'année dernière, il a pris du retard. »

Jake appuya de toutes ses forces sur la pelle. Finis ton boulot et regagne ton immeuble, véritable clapier abritant quelque six cents âmes au cœur de la ville. Six cents personnes respirant, mangeant, consommant du charbon, de l'essence, de l'électricité et produisant des tonnes et des tonnes de détritus chaque année.

« Et les autres ?

— Quoi, les autres ? » rétorqua Jake.

Dieu merci, le trou était presque assez profond. Maintenant, il allait lui falloir se débarrasser du gamin.

« Ils s'appellent comment, les autres ?

— Susie et Mary. Et maintenant file chez toi avant que j'aille trouver tes parents.

— Vous irez pas.

— On parie ? fit Jake avec une grimace qui se voulait épouvantable.

— Pas avec ce que vous avez dans ce sac-poubelle. (Le gamin loucha vers le sac posé derrière Jake.)

— C'est… c'est… Écoute, petit, je t'ai menti : je ne suis pas ici pour déterrer un trésor mais pour l'enterrer.

— Oh !… murmura l'enfant avec un scepticisme proprement déconcertant.

— Parfaitement ! renchérit Jake, continuant sur sa lancée. J'ai hérité un million de dollars de mon grand-oncle Joe mais j'ai pas envie que ma femme l'apprenne. Elle serait capable de tout claquer et…

— Comment ça se fait que vous portez pas d'alliance ?

— Dis donc, fiston, t'es détective privé ou quoi ?

— Je regarde *Bloodhound*[1] *Gang* à la télé, rétorqua le mouflet en guise d'explication.

— Tant mieux pour toi. Maintenant file ou ce satané clébard viendra demain matin ramasser les morceaux.

— Y a pas de chien dans *Bloodhound Gang*. Vous avez tout faux ! C'est des histoires d'enfants

1. *Bloodhound* : limier ; chien de saint-bernard.

qui font des enquêtes policières. Vous oseriez pas me faire du mal, m'sieur, si ? »

Jake souleva le sac et marqua une pause. Il lui fallait en vider le contenu. Ces trucs devaient pourrir. Ses bonnes intentions resteraient lettre morte si le sac demeurait fermé, mais il ne voulait absolument pas que le gamin regarde.

« Vous me feriez du mal, m'sieur ? répéta le gosse.

— Peut-être », énonça Jake, l'air de plus en plus méchant.

Il aurait dû être allongé sur son moelleux matelas liquide à l'heure qu'il était, bercé par la chaleur et le mouvement, au lieu de se trouver planté comme un poireau dans un champ à discutailler avec ce môme.

« Beurk ! s'exclama le garçonnet, fronçant le nez de dégoût. Ça pue, ce truc. C'est sûrement pas de l'argent. »

Tendant la main, il toucha le sac, qu'il trouva mou sous ses doigts. Les billets de banque, ça n'était pas mou.

« C'est Johnny, chuchota Jake. Un gamin insupportable. Impossible de le faire obéir. (Le garçonnet esquissa un pas en arrière.) J'ai été obligé de le punir, de faire un exemple, sinon les autres seraient devenus intenables. (Jake souleva le sac-poubelle.) C'est triste, mais c'est comme ça... »

Soudain le petit garçon détala. En un instant, il eut disparu au milieu des arbres. Sans doute allait-il tout raconter à son père. Jake vida le contenu de son sac dans le trou et recouvrit le tout de terre. Dommage. Un endroit pareil, il n'en retrouverait pas un de sitôt. Jake leva le nez et contempla les lignes électriques qui rayaient la nuit étoilée. Ce terrain ne servait à rien. Et ce n'était pas comme s'il enfouissait des boîtes de conserve, du verre, des journaux ou du plastique. Bon Dieu, non ! Lui, les déchets, il les recyclait. Tandis qu'en ville, il fallait enfermer ses ordures ménagères dans des sacs-poubelle et déposer ceux-ci devant sa porte tous les vendredis. Tous les vendredis, des centaines et des centaines de sacs en plastique — matériau non biodégradable — s'alignaient dans les couloirs, et cette vision donnait à Jake des nausées.

La pelle sur l'épaule, il se dirigea vers sa voiture. Il lui faudrait trouver un autre coin pour y enfouir ses déchets, voilà tout. Il ne pouvait prendre le risque de revenir ici et de se faire pincer. Pas envie de se faire coller une amende. Dommage, ça avait été un endroit idéal pour y enterrer ses ordures. Jake ne put s'empêcher de sourire en imaginant un petit groupe de policiers plantés autour de son dernier trou, scrutant avec angoisse la terre fraîchement remuée à la recherche de sang, d'os ou de chair humaine. Avec un peu de chance, les flics dénicheraient peut-être un ou deux os de poulet.

Under Cover of Darkness
Traduction de Dominique Wattwiller.

L'heure du perroquet

par PRICE DAY

C'était un après-midi d'été. Les aiguilles du réveille-matin qui se trouvait sur la table devant Mr Crangle marquaient 3 h 47.

« Tu te trompes, tu sais, dit Mr Crangle sans quitter des yeux le cadran. Tu te trompes, Coco, comme je te l'ai souvent expliqué. Le côté moral de la question ne présente aucune difficulté. »

Le perroquet, dans la cage suspendue au-dessus de lui, inclina la tête sur le côté et le regarda de haut en bas avec un œil dur, froid, reptilien, un œil vieux comme le monde, un œil qui remontait à des centaines et des centaines de siècles au-delà des origines de l'humanité.

« Cacahuète ! » réclama l'oiseau.

Mr Crangle, l'œil toujours sur le cadran, prit une cacahuète dans un bol fêlé, près de son coude, et le tendit par-dessus sa tête vers les barreaux de la cage. Coco la saisit dans une serre dont la peau ressemblait à du cuir. Les muscles d'acier firent jouer le bec corné, qui se referma sur le fruit comme une pince, fit éclater la coquille, et le craquement se mêla, dans la chambre meublée, à la grande rumeur de la cité qui pénétrait par la fenêtre ouverte — klaxons des voitures, piétinements sur les trottoirs, cris des enfants s'interpellant, bourdonnement d'un avion au-dessus de l'immeuble, semblable à celui d'une industrieuse abeille.

« Il est parfaitement vrai, dit Mr Crangle à 3 h 49, que seul un individu qui peut s'abstraire de ses sentiments personnels, un être capable de considérer la chose de l'extérieur, est susceptible d'offrir suffisamment de garanties morales pour prendre une telle décision. »

Lorsque la grande aiguille atteignit 3 h 50, il sentit une vague de puissance affluer du plus profond de son être.

« Pense donc, Coco ! Dans dix minutes, dix petites minutes, tous les méchants, à travers le monde, seront réduits à la moitié de leur taille actuelle, afin que l'on puisse les reconnaître.

Tous les assassins impunis, tous les tyrans, les orgueilleux et les pécheurs, tous les persécuteurs et les malfaiteurs, tous les maîtres chanteurs, les adeptes abjects de la nicotine et les transgresseurs des lois établies. (Ses yeux brillèrent de l'éclat d'un pouvoir omnipotent.) Tous, depuis le premier jusqu'au dernier.

— Cacahuète ! » dit Coco.

Mr Crangle accéda à sa demande.

« Je sais que tu n'es pas pleinement d'accord avec cette solution consistant à réduire de moitié la taille des méchants, mais tout bien considéré, je crois que c'est encore la meilleure. »

Jour et nuit, il avait étudié les données du problème, pesé le pour et le contre depuis le matin, il y avait de cela trois semaines : assis sur un banc dans le parc, à observer les dessins formés par les nuages, au-dessus du lac, il avait pris conscience qu'il possédait le pouvoir d'accomplir cette grande œuvre, qu'à partir de cet instant, il avait le don de signaler d'une marque indélébile tous les méchants de la terre afin que, désormais, on pût les reconnaître au premier regard.

Cette révélation ne l'avait pas surpris le moins du monde. Une fois déjà, pareille chose lui était arrivée. A un moment donné il avait détenu le pouvoir d'arrêter les guerres. C'était à l'époque où la radio annonçait de grands raids sur les villes. Dans ce cas particulier, il avait reçu le don de priver les hélices d'avions de leur rigidité, si bien qu'un beau matin, lorsque les équipages, emmitouflés comme des enfants contre le froid, se dirigeraient vers leurs appareils, ils trouveraient les hélices pendant comme des chiffes molles, comme des peaux de banane vidées de leur pulpe.

A cette occasion il avait tergiversé trop longtemps, retardant sans cesse sa décision, dans son désir de choisir l'instant le plus propice, le plan le plus efficace. Ils avaient profité de ce délai pour déjouer frauduleusement ses plans. Ils avaient inventé les moteurs à réaction qui rendaient son pouvoir sans objet.

Ensuite il y avait eu son influence sur les roues. La conscience lui en était venue un jour qu'il regardait son journal dans un café : une photographie représentait un accident d'automobile où trois personnes avaient trouvé la mort. Cette influence qu'il possédait sur les roues lui donnait la faculté de modifier leur forme, de les rendre à volonté carrées ou triangulaires au lieu de rondes, de sorte que partout dans le monde elles se ficheraient dans l'asphalte, immobilisant le véhicule. Mais ce pouvoir n'était pas demeuré assez longtemps en sa possession. Avant qu'il n'ait eu le temps d'échafauder un plan, de décider d'une date, il l'avait senti lui échapper.

Le pouvoir qu'il détenait sur les méchants avait persisté. Il s'était même renforcé, si tant est qu'une influence de ce genre puisse augmenter de vigueur. Et cette fois, il s'était hâté, malgré tous les problèmes qu'il fallait élucider.

Tout d'abord, qui devait décider que telle ou telle personne était méchante ? Après tout, la chose n'était pas tellement ardue, en dépit des doutes émis par Coco. Une personne méchante était une personne qui semblait telle aux yeux d'un homme qui détenait en lui la science du bien et du mal, du moins si cet homme pouvait percer les secrets les plus intimes de la personne en question. Une personne méchante était une personne qui semblerait méchante aux yeux de l'omniscient Mr Crangle.

Alors, de quelle façon opérer, selon quelle méthode ? Leur imprimer une marque sur le front, ou leur donner une couleur uniforme, disons pourpre. Mais dans ce cas, ils n'en seraient que plus aptes à se reconnaître les uns les autres, et à se grouper entre eux pour exercer leur malfaisance.

Lorsque enfin lui vint l'idée de modifier leur taille, il pensa tout d'abord doubler leur stature et leurs proportions. Cette mesure les rendrait inefficaces. Ils ne pourraient se servir de délicats instruments scientifiques, de machines à écrire, de calculatrices ou de cadrans de téléphone. A la longue ils finiraient par s'éteindre, victimes de leur taille exagérée, tels les dinosaures dont on parlait dans le journal du dimanche. D'autre part, ils pouvaient devenir féroces, et dans ce cas leur taille et leur masse les rendraient dangereux pour les gens normaux. Mr Crangle n'aurait pas aimé cela. Il avait horreur de la violence.

Des gens dont la taille serait réduite de moitié pourraient, il est vrai, manipuler quelques-unes des machines. Ils pourraient également devenir dangereux. Mais il leur faudrait longtemps avant qu'ils puissent fabriquer des outils et des armes à leur mesure, et pensez combien ils seraient ridicules dans l'intervalle, avec leurs vêtements deux fois trop grands et leurs chapeaux qui leur tomberaient par-dessus les oreilles.

A 3 h 54, Mr Crangle se prit à sourire en imaginant leur aspect ridicule.

« Cacahuète », dit encore Coco.

Mr Crangle leva la main et tendit un fruit à l'oiseau, sans quitter du regard le cadran du réveille-matin.

« Je pense, dit-il, que l'endroit le plus intéressant pour assister au phénomène serait une salle d'assises où nul ne saurait si le meurtrier présumé est innocent ou coupable. Et puis, à quatre heures, s'il est l'assassin... »

La respiration de Mr Crangle commençait à s'accélérer. La grande aiguille se trouvait sur 3 h 56.

« ... Il serait également intéressant d'observer les ivrognes dans un café, dit-il.

— Cacahuète », répéta Coco, et Mr Crangle obéit.

« Oui ! dit-il, il y a tellement d'endroits, tellement d'endroits où l'on pourrait être. Mais j'aime encore mieux me trouver ici, avec toi, Coco, lorsque la chose se produira. Rien que toi et moi. »

Il était tout tendu sur sa chaise. Il voyait la grande aiguille se déplacer, par minuscules secousses, laissant un intervalle blanc de l'épaisseur d'un cheveu entre sa pointe et le trait noir indiquant 3 h 58, grignotant cet espace, jusqu'au moment où elle finit par toucher le trait, le surplomba et ensuite poursuivit son chemin inexorable vers 3 h 59.

« Au début, dit Mr Crangle, les journaux ne voudront pas le croire. Même si le phénomène se produit directement sous leurs yeux, dans les bureaux du journal, ils n'y croiront pas. Au début, tout au moins. Puis ils commenceront à comprendre que la mésaventure est arrivée à toutes sortes de gens dont la réputation de méchanceté est bien établie, et ils comprendront la signification du phénomène. »

Le réveille-matin marquait 3 h 59.

« Quelle histoire magnifique, dit Mr Crangle. Quel article sensationnel pour un journal. Et personne ne saura qui est responsable de la transformation, Coco, personne à part toi et moi. »

La pointe de la grande aiguille venait de franchir le trait indiquant 3 h 59. Le cœur de Mr Crangle battait à grands coups. Ses yeux étaient exorbités, sa bouche ouverte. Il murmura :

« Personne ne le saura. »

La pointe de la grande aiguille atteignit le trait, au sommet du cadran. La sonnerie retentit. Mr Crangle se sentit parcouru par une vague de puissance, semblable à celle qui fait sauter un barrage, suivie d'un grand choc, semblable à un coup de foudre. Il ferma les yeux.

« Ça y est ! » dit-il doucement et il s'affaissa, épuisé.

En s'approchant de la fenêtre et en observant les gens dans la rue, il aurait pu voir si le phénomène s'était produit ou non. Mais il n'en fit rien. C'était inutile. Il savait.

La sonnerie du réveille-matin s'arrêta.

Coco inclina la tête sur le côté et le regarda d'un œil qui ressemblait à une pierre polie.

« Cacahuète ! » dit-il.

Le bras de Mr Crangle se leva verticalement pour tendre à l'oiseau la graine demandée, mais sa main demeura à quarante-cinq centimètres au-dessous de la cage.

4 o'Clock

Traduction de Pierre Billon.

Janie intervient

par ARTHUR PORGES

Plongés dans l'angoisse, en proie à la peur et à l'indécision, les Sanford oublièrent complètement Janie, discrètement recroquevillée dans le grand fauteuil près de la cheminée. Elle aurait dû être au lit depuis longtemps, quoiqu'une entorse au programme fût parfois tolérée, cette jeune personne s'étant, avec passion, spécialisée dans les phalènes, les chauves-souris, les grillons et autres créatures nocturnes. A onze ans, maigrichonne, godiche, criblée de taches de rousseur, sauvée de justesse de la laideur par d'immenses et limpides yeux bruns, rayonnant d'intelligence et de vivacité, Janie était sans conteste une « experte » en histoire naturelle et biologie ; intrinsèquement, toute considération d'âge mise à part.

Tandis que Mr Sanford faisait passer la bande magnétique pour la troisième fois (peut-être dans le faible espoir que le son de la voix de son fils l'aiderait à résoudre le dilemme qu'elle avait suscité), Janie prenait placidement des notes et « gambergeait ». Pour elle, c'était un peu comme s'il s'agissait de jeter les bases et d'étudier les données d'un nouveau « topo » à l'école de Kenilworth.

« On me retient prisonnier, papa, annonçait la voix du garçon (sur un ton léger manifestement voulu). Je ne sais pas où, bien sûr. Mais si tu ne laisses pas tomber cette réunion du conseil municipal, lundi prochain, ils vont "prendre des mesures". Il n'est pas question de me tuer ; on m'a demandé de bien insister là-dessus. Il est question de mes... (ici, une légère hésitation dans la voix) doigts. Je ne peux pas en dire plus ; sauf que pour l'instant ça va. »

« Les doigts de Bill ! s'indigna Mrs Sanford, éplorée (comme à chaque audition de la bande). Les horribles individus !

— C'est bien pourquoi je suis sûr qu'Ed Corey est derrière tout ça, gronda son mari. C'est tout à fait son genre. Si je ne peux pas voter, en n'assistant pas à la réunion, le Conseil cédera le terrain de Glen Davon à sa compagnie, et notre dernière chance d'obtenir un parc convenable s'envolera.

— Il faut faire ce qu'ils exigent, soupira-t-elle. On ne peut pas risquer de sacrifier les mains de Bill. »

Le visage de Sanford revêtit une expression sinistre, à la fois douloureuse et courroucée. Il lui arrivait parfois de souhaiter que son garçon fût dépourvu d'un tel don. Cela faisait de longues années, lui semblait-il alors, qu'ils étaient l'objet de leur incessante vigilance, ces précieux doigts, ces menus doigts prestigieux. Pourquoi diable Bill n'avait-il pas montré des dispositions pour les mathématiques ou autre chose, dans un domaine où les mains n'ont pas une telle importance ? Mais c'était ainsi ; et dans une semaine exactement, il jouerait le *Troisième Concerto* pour piano de Beethoven avec l'orchestre symphonique, à moins que les truands de Corey n'aient brisé les doigts du gosse. Ils n'hésiteraient pas un seul instant, avec une aussi juteuse opération foncière à la clef ; et pour un musicien, une main blessée, c'était extrêmement grave. Le dommage risquait d'être irrémédiable, en dépit de toutes les prouesses de la médecine et de la chirurgie. Pouvait-on courir pareil risque ?

« Eh bien, voilà, exhala-t-il lourdement, on a fait une douzaine de fois le tour de la question, et je ne connais toujours pas la réponse. Faut-il avertir la police, ou suivre à la lettre leurs instructions, s'incliner, et laisser Corey rafler la mise ?

— Je n'ai pas changé d'avis, dit son épouse. Pour moi, à côté de la carrière de Bill, la création d'un parc, ça ne compte pas.

— S'il n'y avait que ça ! Tout le monde pensera que je me suis laissé acheter. Sur le plan politique, ici, je serai fichu.

— Je sais, et c'est terriblement injuste. Mais avons-nous le choix ? Si tu avertis la police, que pourra-t-elle faire ? Où iront-ils le chercher, Bill ? Il peut être à deux pas comme à cent kilomètres. Comment veux-tu qu'ils le trouvent avant la réunion, d'ici trois jours seulement, et sans la moindre indication pour orienter leurs recherches ?

— Peut-être que je pourrais les aider, lança une petite voix allègre, pleine d'assurance, et Mrs Sanford sursauta.

— Janie ! s'écria-t-elle. Tu es restée là tout le temps ? Ça, alors ! Il est presque minuit, ma petite fille.

— J'ai écouté l'enregistrement de Bill — et ça m'a donné à penser, des tas de choses, émit doctement la jeune créature.

— Ça n'est pas un jeu, maugréa son père. C'est une affaire très sérieuse.

— Je le sais. Moi aussi, je suis très sérieuse, papa. »

Cette réponse se colorait d'une nuance assez prononcée de reproche. Elle les aimait beaucoup, ses parents, mais, souvent, elle trouvait qu'ils manquaient de logique et d'objectivité dans leur comportement quotidien ; pas assez réfléchis ; trop émotifs, sentimentaux, impulsifs. Mais aussi, allez du jour au lendemain changer quelqu'un qui vous déclare péremptoirement, automatiquement, sans y regarder de plus près, que les chauves-souris et les insectes sont des bestioles déplaisantes ; toute une éducation à refaire. Cela pourrait prendre des années, songeait Janie à l'instant même, désabusée, réprimant un soupir.

« Épargne-nous tes élucubrations et va te coucher, mon enfant, lâcha Mr Sanford avec quelque brusquerie. Ta mère et moi avons à discuter d'un grave problème et il nous faut du calme, de la tranquillité.

« Tu sais, enchaîna-t-il (se retournant vers sa femme), il devrait se ramasser, Corey, avec sa sale combine. Même si je m'abstiens, il tombera sur un bec. Un des votes sur lesquels il comptait va lui manquer, celui de Hugh Norton. Ce cher Hugh a eu la bonne idée de se faire esquinter avec sa bagnole dans un accident de la circulation à Redwood Falls, et il ne pourra pas être là. J'ai appris la nouvelle juste avant de rentrer. Résultat : les votes "pour" vont équilibrer les "contre", et le vote du maire Leavitt sera décisif. Il appuiera le projet de parc ; c'est un type bien, et il s'est engagé à fond.

— Il sent le pain de seigle rassis, commenta la voix claire et incisive de Janie.

— Janie, voyons ! » la rabroua Mrs Sanford.

Malgré la gravité de la situation, son mari ne put s'empêcher de sourire.

« Le fait est qu'il aime à tâter du kummel, Ivy, dit-il, et j'avoue qu'il l'empestait le jour où Janie l'a rencontré. Ça n'en a pas seulement l'odeur, d'ailleurs, ça a aussi nettement le goût du seigle. Je préfère le whisky.

— Écoute, papa, dit Janie. Pour Bill, j'ai vraiment une idée. Vraiment ! Ça devrait marcher.

— Bon, très bien, soupira sa mère, quêtant du regard l'approbation de Mr Sanford. Inutile de vouloir s'en débarrasser quand elle s'est fourré quelque chose dans le crâne. Allez, Bébé, vas-y ; comme ça, on pourra peut-être te mettre au lit avant l'aube. »

« Bébé » fit tiquer Janie, et elle grimaça ; mais elle sentait bien que ce n'était pas le moment de faire une scène à cause de ce révoltant vocable.

« Vous n'avez fait qu'écouter Bill, déclara-t-elle, sentencieuse et sévère, et tous les sons importants de la bande vous ont échappé.

— C'est-à-dire ? s'enquit son père.

— Eh bien, les grillons, pour commencer.

— Les grillons ! Qu'est-ce que ça nous apporte, les grillons ? Ils pullulent, il y en a partout.

— Oui, mais il y a un rapport très simple et très précis entre le nombre de stridulations à la minute et la température ambiante. Lutz l'indique dans son "Manuel". J'ai fait le calcul, et j'ai obtenu vingt degrés. »

Les Sanford se regardèrent, vaguement décontenancés.

« Bon, nous savons quelle chaleur il faisait. A quoi ça nous avance ? demanda sa mère.

— Au coucher du soleil et pendant une pareille vague de chaleur, c'est bas comme température, maman. Il n'y a pas beaucoup d'endroits par ici où on pourrait la relever.

— Qu'est-ce qui te fait penser que la bande a été enregistrée au coucher du soleil, peux-tu me le dire ? s'informa Mr Sanford.

— Tu n'as même pas entendu les mauvis, et les merles ? Les grillons commencent à stridu-ler au crépuscule, en général ; et les oiseaux se taisent pour la plupart une fois la nuit tom-bée ; j'en ai donc déduit…

— Laisse, j'ai compris ! coupa son père. Ma tête n'est pas qu'un paquet d'os, seulement aux deux tiers.

— Ça ne nous dit pas où Bill se trouve ! dit son épouse d'une voix plaintive.

— Ensuite, il y a les grenouilles, poursuivit l'inexorable Janie (en les fixant tour à tour de ses énormes yeux bruns, chauds et doux comme du caramel fondu). Mauvis et grenouilles, ça veut dire de l'eau.

— Là, tu marques un point, admit Mr Sanford. Mais pourtant, mon petit chou, ça n'est pas suffisant comme indices. J'ai bien peur…

— Depuis mars, on n'a pratiquement pas eu de pluie, lui rappela sa fille. Tu sais à quel point la sécheresse a sévi dans toute la région. Vraiment, papa, à des kilomètres et des kilomètres à la ronde, il y a fort peu d'endroits qui ne soient à présent complètement asséchés. Alors, en tenant compte des mauvis (et ça veut dire aussi des joncs ; ils les adorent) et des martins-pêcheurs, par-dessus le marché, je me suis dit…

— Des martins-pêcheurs ? répéta-t-il, paraissant déglutir avec peine.

— Ce sont des oiseaux. On peut en entendre un qui pépie à l'arrière-plan. Donc, je me suis dit que c'était sur le vieux domaine du ranch Larrabee qu'il fallait chercher. Il a des tas d'hectares avec beaucoup de vieilles bâtisses et de cabanes, des joncs, des étangs ; et il y a là en particulier une petite vallée où le soleil ne pénètre pas ou à peine. Je parie que c'est le bon endroit, dans la zone basse, là où l'air frais s'installe et se tasse, comme qui dirait. C'est là que doit être Bill.

— Fred, murmura Mrs Sanford, ça se tient, ce qu'elle dit.

— On pourrait téléphoner au vieux Mr Renfrew du ranch Santa Clara, suggéra Janie. Il établit lui-même sa météo. Il pourrait au moins nous dire ce qu'il a relevé comme température aux abords du domaine Larrabee, pas loin de l'endroit en question. »

Mr Sanford la considéra avec une stupeur émerveillée.

« J'appellerai le chef de la police, le shérif Thompson, demain à la première heure, et je lui demanderai d'organiser des recherches — ou plutôt une sorte de raid — dans ce coin du ranch Larrabee. Il pensera probablement que je travaille du chapeau, mais Janie peut avoir vu juste. Il faut essayer ; on n'a rien à perdre. Après tout, si elle se trompe — et je ne me risquerais pas à parier là-dessus, car elle le connaît comme sa poche, le comté ; elle l'a parcouru dans tous les sens avec le groupe écolo de ton ami Eddie Taylor — mais enfin, si elle se trompe, je pourrai toujours renoncer au vote de lundi pour soustraire Bill aux représailles de ces truands. Et après ça, ajouta-t-il, farouche, il aura affaire à moi, ce salopard de Corey ! »

Mais Janie avait tapé en plein dans le mille. Sous la conduite avisée d'un shérif chevronné, au terme d'une approche concentrique, silencieuse et circonspecte, les policiers surprirent et maîtrisèrent, tout déconfits, les deux individus qui retenaient Bill prisonnier dans une cabane délabrée. Celle-ci se trouvait dans un épais taillis au bord d'un étang — avec des joncs, naturellement, et des mauvis emplissant l'air de leur allègre gazouillis.

Plus tard, le même jour, le shérif déclara à Mr Sanford :

« Ces deux minables voyous ne savent même pas qui a loué leurs services. D'après eux, il était masqué et déguisé à ce moment-là, et aussi quand il a enregistré le message du gosse. Le seul renseignement qu'ils prétendent pouvoir fournir, ajouta-t-il, l'air écœuré, c'est que le type sentait le pain de seigle. Ils doivent me prendre pour un demeuré ! »

La mâchoire inférieure de Mr Sanford tomba et il se tourna bouche bée vers sa femme, dont les yeux se transformaient en soucoupes. Janie piaula, puis fut prise d'un petit fou rire aigu imitant une volière de mauvis en folie.

« Non ! Ça, par exemple ! s'exclama son père. Le maire !

— Quou — a — ah ? » expectora le shérif Thompson.

Il s'avéra ultérieurement que le maire Leavitt, se trouvant dans une dramatique situation financière, s'était laissé acheter pour un bon prix. Sanford s'abstenant, son vote décisif aurait enterré le projet de parc.

Janie n'assista pas au triomphe de son frère à la salle de concert ; un cas de force majeure l'en empêcha. Les phalènes commençaient à émerger de leurs chrysalides, et, ainsi qu'elle l'expliqua à ses parents en termes poignants :

« Vous ne voudriez tout de même pas que ces pauvres petites choses viennent au monde dans un total isolement, sans personne pour veiller sur elles !

— Non, je ne pourrais pas supporter un pareil poids sur ma conscience », confirma gravement Sanford, et il entraîna sa femme vers la sortie (ce serait un miracle, à présent, s'ils arrivaient à temps pour le premier mouvement).

« En tout cas, murmura-t-il, en un perceptible aparté théâtral qui fit s'empourprer les joues de sa fille, elle n'a pas encore, à onze ans, le détachement cynique de certains savants à sang de poisson.»

Puis il ajouta, d'une voix sonore, en se retournant avant de franchir le seuil :

« Bonne fête des Mères, Janie ! »

Janie Zeroes In

Traduction de Philippe Kellerson.

Un homme très aimé

par A.A. MILNE

1

J'ai quinze ans et je suis très avancée pour mon âge. Ce n'est pas moi qui le dis, mais Julia Prendergast — directrice du pensionnat où je suis en 6e Moderne B (1) —, dans le dernier bulletin trimestriel d'Antonia Fell. Antonia Fell, c'est moi, mais la plupart des gens m'appellent Tony. J'aurais de beaucoup préféré recevoir pour nom de baptême Amaryllis, avec Meriel pour diminutif. L'héroïne du roman que j'écris se prénomme ainsi et fait l'admiration de tout le monde. J'ai un père et une mère, comme c'est très souvent le cas des personnes jeunes, et j'ai un frère de treize ans, ce qui n'est pas aussi indispensable. Il a été baptisé Charles

Robert. Père l'appelle Robert, Mère, Paddy, et moi, Bill, ce qui ne laisse pas d'embrouiller nos visiteurs d'un certain âge, mais nous affectons de n'en rien remarquer.

Ce que j'entends vous relater ici, c'est l'*étrange cas* de John Anderson qui vint habiter Essington, notre village.

Je me demande si je dois commencer par décrire le village ou parler d'abord de Père. C'est le genre de chose qu'un écrivain expérimenté sent instinctivement, mais moi, j'en suis à mon premier roman. De toute façon, quoi que je fasse, lorsque je me relirai après avoir écrit le mot FIN, je penserai probablement que j'aurais dû adopter le parti contraire. Dommage, car il sera alors trop tard vu que je n'ai qu'un petit cahier de brouillon, le gros étant réservé à mon roman. Enfin, tant pis, je me lance et commence par Père.

Père est le pasteur d'Essington. La plupart de ses opinions datent beaucoup, ce qui est normal chez un pasteur qui se doit de croire ce que les gens croyaient avant d'apprendre que la terre est ronde et qu'il lui a fallu des millions d'années pour devenir ainsi. C'est dire que Père et moi sommes en désaccord sur bien des choses. Il l'ignore, parce que j'ai soin de ne jamais entamer de discussion avec lui. Discuter ne sert à rien, à moins que vous ne souhaitiez convaincre votre interlocuteur qu'il est dans l'erreur. Mais si je convainquais Père qu'il a tort, il devrait résigner sa fonction et nous n'aurions plus de quoi manger, ce qui serait pénible pour nous tous. Bien sûr, lorsque mon roman sera publié et me rapportera beaucoup d'argent, nous ne courrons plus le même risque. C'est pourquoi j'ai hâte que ce moment arrive. En attendant, chaque dimanche je vais deux fois à l'église, quand je préférerais de beaucoup travailler à mon roman.

Père a l'air d'un acteur et — bien qu'on souffre de devoir dire cela de son père — d'un très mauvais acteur. Peut-être que s'il était acteur, je dirais qu'il a l'air d'un pasteur et d'un excellent pasteur. Il a une voix grave et un regard qui vous sonde jusqu'à l'âme ; ses cheveux, qui commencent juste à grisonner sur les tempes, ont de belles boucles dont j'aurais dû hériter au lieu que ce soit Bill, chez qui elles ne font aucun effet. Bref, c'est le genre de père dont on est plutôt fier tout en appréhendant la réaction de ceux qui sont amenés à faire sa connaissance. J'entends par là que certains disent : « Vraiment, quel bel homme que notre pasteur ! » tandis que d'autres haussent les sourcils d'un air circonspect. Quand il prêche il est très éloquent, à condition que l'on attache moins d'importance à ce qu'il dit qu'à la façon dont il le dit. A la maison, il parle toujours d'un ton pénétré, même si c'est pour demander à Mère de lui passer le sel.

Mère est absolument exquise à tous égards et je l'aime beaucoup. Bill est un gentil petit garçon mais, bien sûr, ça n'est qu'un enfant. Père aurait voulu une autre fille, parce que, paraît-il, souvent les fils de pasteur « tournent mal ». Ce n'est pas encore le cas de Bill, vu son âge, et il a même eu un Prix d'Instruction religieuse le trimestre dernier. L'an prochain il sera à Harrow, et c'est généralement là que l'on commence à tourner mal si l'on est porté à le faire. Nous verrons bien ce qu'il en sera.

Essington est un charmant petit village de l'ancien temps, mais la seule maison qui puisse présenter de l'intérêt pour le touriste amateur de vieilles choses, c'est Ballards, un joli cottage noir et blanc qui date du XIIIe siècle. On peut en voir une photographie à la page 81 de *Randonnées champêtres à travers l'Angleterre*, que j'ai reçu comme prix l'année dernière. Toutes mes camarades ont été très surprises quand je leur ai montré cette photo en leur disant que j'avais souvent été à l'intérieur. Il est peu fréquent, en effet, que l'on puisse être à l'intérieur d'une photo dans un livre. Père, lui, n'a pas été surpris mais mortifié, parce que l'auteur ne faisait aucune allusion à l'église ; ça lui a gâché sa journée. Il me redemandait sans cesse le livre, avec l'idée que l'église était peut-être mentionnée dans un autre chapitre, à propos de ceci ou cela, et maugréait chaque fois en constatant que ça n'était pas le cas. J'espérais que cela l'inciterait à me changer d'école, pour m'envoyer dans une où l'on ne donnait pas de prix, mais l'antipathie que lui inspirait l'auteur de *Randonnées champêtres à travers l'Angleterre* n'allait pas jusque-là et, fin septembre, je retournai à la même école. Ce que j'espère de tout cœur c'est que, un jour, dans une édition « revue et augmentée », l'auteur ajoutera : « Ceux de mes lecteurs qui s'intéressent à la littérature ne manqueront pas, bien sûr, de se rendre à Essington pour y voir le fameux presbytère où est née Antonia Fell, notre grande romancière. »

2

Le moment est à présent venu pour notre grande romancière de vous présenter le héros de cette histoire. Mais comme, poursuivant mes études à l'école, je n'étais pas tout le temps sur les lieux, je dois d'abord vous expliquer comment je me trouve être en mesure de vous la relater en son entier. D'ordinaire, les auteurs s'abstiennent de le faire, et pour cause. Une fois, j'ai lu un livre où une femme mourait seule dans une prairie, et où plusieurs pages étaient consacrées à ses ultimes pensées. Étant très jeune à l'époque, je m'étais demandé comment l'auteur pouvait les rapporter avec tant de précision, vu qu'il n'était pas là et que personne non plus n'avait été en mesure de les lui relater. Maintenant, bien sûr, je sais que cela relève de l'*art* du *romancier*. Mais quand il s'agit d'une histoire vraie, l'*art* du *romancier* n'est pas de saison, et l'auteur ne peut qu'imaginer les dernières pensées d'une personne sur le point d'expirer et n'en faire mention qu'à grand renfort de « probablement », de « sans doute » et de « il est vraisemblable que… » En revanche, il est naturel que son *art* l'incite à apporter quelques retouches aux conversations, notamment à ce qu'il a pu dire sur l'instant, et il est probable que j'agirai ainsi. Mais vous devrez deviner vous-même ce que pouvaient penser mes personnages, sauf lorsque je vous ferai part de mes propres cogitations.

Père, étant pasteur du village, s'intéresse à tous ses paroissiens sur le plan spirituel, ce qui est totalement différent de fourrer son nez dans les affaires d'autrui, mais a le même résultat. Or Père fait part de tout à Mère, et plutôt deux fois qu'une. Aussi lorsque Mère va à la cuisine pour voir Rose (c'est notre bonne et elle est avec nous depuis ma naissance, ce qui suffit à prouver la gentillesse de Mère), elles parlent un peu de tout y compris de ce qu'a dit Père. Pendant les vacances, je passe une bonne partie de mon temps à la cuisine, parce qu'un jour j'habiterai un petit appartement à Chelsea, où je préparerai moi-même mes repas, ce qui fait que Rose et moi sommes devenues de grandes amies. En conséquence de quoi, je me trouve être au courant de tout, y compris de ce que Mère s'apprêtait à dire quand Père a émis son petit toussotement qui signifie « Pas devant l'enfant ! »

Je n'avais que dix ans lorsqu'est morte la vieille Mrs Hetherington, mais je me souviens très bien d'elle et je me rappelle mon excitation lorsque j'ai appris que Ballards allait être vendu. Je me demandais qui en serait le nouveau propriétaire et s'il influerait sur ma jeune existence, car j'adorais Ballards et j'y allais sans cesse, pour un oui ou pour un non, du vivant de Mrs Hetherington. Elle m'a d'ailleurs légué un collier de pierres de lune que je mettais quand j'étais au lit car j'étais encore trop jeune pour le porter durant la journée. Père voulait l'enfermer sous clef jusqu'à ce que je sois plus grande, mais Mère a objecté : « Qui aurait l'idée de chercher des bijoux dans la chambre d'une enfant ? » La réponse étant « Personne », j'eus la permission de le ranger sous mes mouchoirs ; voilà pourquoi je le mets quand je suis au lit, lorsque personne d'autre que moi ne peut le voir ; mais l'excitation que cela me procurait au début s'atténua très rapidement.

(Je crains de m'être laissé entraîner par mes souvenirs ; à partir de maintenant, je vais m'efforcer de faire des phrases plus courtes.)

Ah ! que j'étais donc encore jeune alors !

« Un Monsieur John Anderson », dit Père pendant le petit déjeuner de ce matin inoubliable.

On aurait cru qu'il parlait de l'archevêque de Canterbury.

« Je parie qu'il doit être puant ! » dit Bill.

Bill a hérité cet horrible mot de l'un des enfants de chœur et s'en sert à tout propos. Père lui ordonna de quitter la pièce et de ne pas reparaître avant d'avoir appris à parler comme un garçon bien élevé. Il s'en fut et peut-être serait-il encore absent de nos agapes si, l'ayant entendu pleurer, Mère n'était allée le chercher pour qu'il finisse son porridge. Il n'a que huit ans, somme toute.

Après cet incident, la conversation reprit :

« Marié ? s'enquit Mère.

— Je le suppose », répondit Père comme si c'était la condition normale ici-bas. Il est loin de se douter que sa fille unique ne se mariera jamais, car la progéniture d'un auteur, ce sont ses livres.

« Quand emménagent-ils ?

— D'un jour à l'autre, d'après ce qu'on m'a dit. La maison est en parfait état.

— Pourrai-je continuer d'y aller, Maman ? questionnai-je.

— Lorsque je serai moi-même allée leur faire visite, ma chérie, et si Mrs Anderson t'y invite, me répondit-elle.

— Et ça sera quand ? » pépiai-je.

J'étais encore très jeune et c'est pourquoi je posais toutes ces questions stupides, mais je tiens à ce que mes lecteurs sentent bien que je ne leur cache rien.

« Aux vacances prochaines, peut-être », dit Mère.

Ce qu'il y a de pire avec l'école, c'est qu'elle interrompt continuellement les vacances : « Oh ! là, là », fis-je, et je changeai de sujet pour ne pas penser au prochain trimestre.

Il m'était impossible d'attendre aussi longtemps. Aussi cet après-midi-là je pris ma bicyclette et pédalai jusqu'à Ballards, qui ainsi n'est qu'à trois minutes de chez nous. Et en y arrivant, je trouvai Mr John Anderson ainsi qu'un grand camion de déménagement, l'un surveillant le déchargement de l'autre. Il y avait aussi des déménageurs, mais ils avaient des tabliers de cuir et l'on voyait donc immédiatement lequel était Mr Anderson : le grand, avec des cheveux blancs.

« Bonjour, lui dis-je.

— Bonjour, me répondit-il.

— Êtes-vous Monsieur John Anderson ? m'enquis-je.

— Oui, c'est moi.

— Et moi, je suis Miss Antonia Fell », l'informai-je.

N'ayant pas de chapeau, il me gratifia d'une petite inclination de tête. Il avait un visage triste, pas triste et malheureux, mais triste et empreint de regret, comme le regard d'un épagneul quand vous lui avez expliqué qu'il ne peut pas venir se promener avec vous.

« Mon père est le pasteur de cette paroisse », annonçai-je non sans quelque grandeur.

Quand je dis cela, les gens font généralement : « Oh !... » mais il y a différentes façons de le faire. A l'entendre lui, on avait l'impression qu'il se préoccupait davantage de savoir si l'armoire passerait par la porte et de ce qu'il devrait faire si ça n'était pas le cas.

« Êtes-vous marié ? lui demandai-je.

— Non... (Un long silence, comme s'il pensait à autre chose.) Et vous ?

— Non. »

Je ne lui dis pas que j'étais vouée au célibat,

n'y ayant pas encore réfléchi à l'époque, mais lui expliquai que j'avais seulement dix ans et que, en Angleterre, on ne pouvait pas se marier avant d'avoir quatorze ans, bien que dans des pays au climat chaud, comme l'Inde, ce fût différent. Il ne semblait pas être au courant. Bien sûr, aujourd'hui, je me rends compte qu'il devait sans doute continuer de s'interroger à propos de l'armoire.

Je demeurais là, appuyée à ma bicyclette, portant mon poids d'un pied sur l'autre (j'étais très jeune et gauche en ce temps-là) et chaque fois qu'il regardait de mon côté, je lui souriais. Puis j'actionnai ma sonnette une ou deux fois pour voir si elle marchait bien, et il finit par dire : « Merci infiniment de votre visite », et entra dans la maison.

Je remontai donc sur ma bicyclette et m'en retournai chez nous. Ai-je besoin de dire à mes lecteurs que je suis atrocement consciente du manque d'aisance dont j'avais témoigné au cours de cette brève rencontre.

Mais voici cinq ans, je n'étais encore qu'une enfant, et je vous laisse à penser avec quelle fierté je relatai la chose à mes parents lors du thé. Quand je leur appris qu'il n'était pas marié, Père me dit que c'était très impoli de la part d'une petite fille de poser une question aussi personnelle, remarque que j'attribuai alors à la jalousie, parce que Père est toujours à demander aux gens s'ils ont la foi, ce qui est une question bien plus personnelle.

Bref, voici de quelle façon je fis la connaissance de Mr John Anderson et, comme il me fallut retourner au pensionnat, je ne le revis pas avant les vacances de Noël.

Bien sûr, entre-temps, mes parents avaient fait sa connaissance et il était ce qu'on appelle *persona grata* chez tous les « gens bien » d'Essington. Aussi vais-je maintenant vous dire ce que j'ai appris sur lui tant par mes parents que par mes amis du village.

Agé de cinquante-cinq ans, il était « retiré des affaires », mais il n'avait précisé à personne la nature de ces affaires. On pensait généralement qu'elle devait être de celles sur lesquelles il n'est pas séant de s'attarder. Comme la fabrication des supports-chaussettes, par exemple. Parce que si, lors d'un dîner, l'un des invités se remémore « lorsque j'étais gouverneur des Bermudes, je me souviens que… » cela jette un froid si, à la fin de son histoire, vous déclarez : « Cela me rappelle que, lorsque j'avais mon affaire de supports-chaussettes… » Il vous vaut beaucoup mieux dire : « Certes, dans le monde des affaires, nous avons maints exemples de choses de ce genre. Ainsi, je me souviens très bien que, en 1923... », ce qui n'exclut pas que, en 1924, vous soyez devenu Lord-Maire de Londres.

Jamais encore il n'avait habité la campagne. Il l'avait toujours souhaité mais cela n'est pas possible quand on est dans les affaires et qu'il vous faut chaque jour fréquenter la City ; à moins, bien sûr, d'habiter tout près de Londres, mais alors ça n'est pas vraiment la campagne. Pour ce que nous en savions, certes, il aurait pu aussi bien avoir une fabrique de dentelles à Nottingham, mais quelque chose nous disait que c'était de Londres qu'il venait. D'ailleurs, c'est de Londres que venait le couple, Mr et Mrs Watkins, chargé de s'occuper de la maison. Il les avait engagés quelques semaines seulement avant de venir à Essington, si bien que toutes leurs confidences se rattachaient à Sa Seigneurie. Mr Watkins avait servi Sa Seigneurie pendant de nombreuses années et ne l'avait quittée que parce qu'il voulait être avec Mrs Watkins. Mais quand vous lui demandiez qui était Sa Seigneurie, il se rappelait soudain qu'il avait oublié de faire l'argenterie et vous quittait en toute hâte.

Bref, voilà tout ce que nous avions appris

quand arriva Noël, et à présent il me faut vous décrire ce nouveau venu, car si vous n'êtes pas en mesure d'imaginer son physique, j'aurais pu aussi bien m'abstenir de vous raconter cette histoire. Or c'est très difficile de donner une idée du physique de quelqu'un. En l'occurrence, le plus simple serait de dire qu'il ressemblait à mon oncle James en plus grand et avec l'air comme un peu « mité » ; seulement il me faudrait alors vous décrire l'oncle James et ce serait tout aussi difficile. Évidemment, s'il avait ressemblé au roi ou à Mr Churchill, vous l'auriez immédiatement eu dans l'œil, si je peux dire, mais les gens sont rarement aussi obligeants à cet égard.

Grand, il se déplaçait posément et marchait en tenant écartés les doigts de ses mains… Je précise la chose, sans savoir si elle peut avoir ou non de l'importance. Ses cheveux étaient gris et crêpelés, comme s'ils avaient été frisés avec un fer trop chaud. Il avait ce regard de chien perdu que j'ai déjà mentionné, mais uniquement lorsqu'il vous parlait en ayant l'air de penser à autre chose. Quand il était intéressé par ce que vous disiez, ses yeux devenaient attentifs et parfois il avait brusquement un rire presque juvénile, et secouait la tête comme se refusant à réveiller des souvenirs. Par la suite, quand je compris mieux la vie, je me dis qu'il avait dû perdre quelqu'un de très proche et de très cher, qui demeurait toujours présent dans ses pensées, et que parfois on arrivait à lui faire momentanément oublier. Si bien que je n'ai jamais su s'il était un peu sourd, comme d'aucuns le prétendaient, ou simplement abstrait dans ses pensées.

C'est l'homme le plus gentil que j'aie jamais connu.

Mais, bien entendu, durant ces vacances je ne le connaissais pas encore vraiment, aussi vais-je maintenant sauter deux années pour en arriver à l'époque où j'avais douze ans.

3

Un jour Père prêcha durant vingt minutes sur la différence existant entre « indispensable » et « nécessaire ». Mon sentiment fut que ce sermon n'était ni l'un ni l'autre. On peut en dire autant de ce que j'ai écrit jusqu'ici, aussi vais-je m'efforcer dorénavant de m'en tenir strictement à l'essentiel. Cela me sera difficile, car je crains fort d'appartenir à la même école littéraire que Mr Henry Fielding et le révérend Laurence Sterne qui, de toute évidence, devaient disposer d'un tas de cahiers de brouillon.

Nous tenons la plupart des nouvelles du monde extérieur de la lecture de *The Spectator* et du neveu, Fred, de Miss Viney,

Fred étant le mieux informé des événements qui présentent vraiment de l'intérêt. Miss Viney habite à Rosemount et je vais toujours lui faire une visite le premier jour des vacances d'été, par politesse, d'une part, et aussi à cause des framboises. C'est une très gentille personne qui boite, mais qui, avec l'aide d'une canne, réussit à marcher très vite quand elle le veut. Fred est son neveu. Il travaille dans une banque de Londres et, à force d'y côtoyer quantité de gens influents, il finit par savoir des choses comme le nombre de maris qu'a eus Myrna Loy ou si nous avons une base navale secrète dans la mer Noire.

Miss Viney lui avait donc écrit pour lui demander s'il savait quelque chose d'un Mr John Anderson de Londres, qui était venu récemment habiter parmi nous car, bien sûr, nous brûlions tous de savoir s'il s'agissait de supports-chaussettes. Et une fois de plus, Fred vint à notre aide. Miss Viney me montra sa lettre… enfin, la page qu'elle m'autorisa à lire.

Fred écrivait :

Un surintendant John Anderson, qui était un des Quatre Grands de Scotland Yard, a pris sa retraite l'année dernière. Serait-ce votre homme ?

Vous souvenez-vous de l'affaire Luton, la première qui lui ait valu la notoriété ? Et puis les meurtres de la caverne, la fille dans la citerne... En gros, les meurtres les plus horrifiants. Il avait été mis à mal par un gang des champs de courses peu avant de prendre sa retraite, et si c'est votre homme — ce qui me paraît probable —, Essington doit lui sembler un havre de paix après tout ce qu'il a enduré.

Voilà donc qui était notre Anderson ! Bien entendu, dès que j'en eus terminé avec les framboises, je rentrai tout droit à la maison pour questionner Rose à propos de l'affaire Luton, des meurtres de la caverne et de la fille dans la citerne, car elle lit tout ce qui fait les gros titres dans les journaux du dimanche. Luton était un homme qui avait étranglé sa femme, puis enfoui son cadavre sous le plancher de son kiosque de jardin — ce qui était une bonne cachette, à mon sens — et s'était enfui au Maroc où l'on avait fini par l'arrêter ; quant aux meurtres de la caverne, j'étais trop jeune pour qu'on puisse m'en parler, et pour ce qui était de la fille dont le corps avait été retrouvé dans la citerne, Rose disait qu'elle n'avait pas été tuée par l'homme qu'on avait pendu, mais par quelqu'un d'autre. Je suppose que cela doit arriver souvent.

Vous imaginez combien j'étais intéressée par tout cela et j'avais hâte de savoir si notre Mr Anderson était bien celui qu'avait connu le Fred de Miss Viney. Je me remis donc en selle et pédalai jusqu'à Ballards. Bien sûr aujourd'hui je n'agirais pas ainsi, mais je n'étais alors qu'une enfant.

Depuis le temps, Mr Anderson et moi étions devenus de grands amis, et dès qu'il me vit, il me conduisit vers la petite terrasse qui est derrière la maison, où Mr Watkins nous servit à boire : pour moi, une orange pressée avec de la glace, et pour lui, un verre de xérès. Il me posa des questions sur mon travail durant le dernier trimestre, et je lui répondis volontiers car ça ne me fait rien de parler de tout ça quand c'est la première semaine des vacances. Mais il y a des gens assez stupides pour vous interroger à ce sujet lorsqu'on n'est plus qu'à quelques jours de la rentrée ! Mr Anderson n'était pas comme ça, lui. Après quoi, je bus un peu de mon jus d'orange et me décidai à lui poser la fameuse question. Je rappelle à mes lecteurs que cela se passait voilà longtemps, lorsque je n'avais encore que douze ans.

« Monsieur Anderson..., commençai-je, puis j'avalai péniblement ma salive.

— Oui, mon petit ?

— Êtes-vous le surintendant Anderson qui a éclairci l'affaire Luton ? »

Je ne mentionnai que celle-là, car je ne voulais pas lui donner à penser que je connaissais celle que j'étais trop jeune pour qu'on m'en parle et, même à cet âge, je me rendais compte que c'eût été manquer de tact que de l'interroger à propos de celle pour laquelle il avait fait pendre un innocent.

Il s'apprêtait alors à boire, mais il interrompit son geste et reposa très lentement son verre de xérès sur la petite table qui était devant nous. Puis, le reprenant, il le vida d'un trait.

« Qui t'a parlé de ça, Tony ? me demanda-t-il d'une voix comme étouffée.

— Est-ce vous ? » insistai-je de façon très impolie.

Il haussa les épaules et dit, comme si cela n'avait rien à voir avec lui :

« Je ne pense pas qu'on puisse jamais prétendre qu'une affaire a été éclaircie par un seul homme. Ce serait injuste pour tous les autres y ayant contribué.

— Mais on peut dire que sans un certain homme, elle n'aurait jamais été éclaircie ? rétorquai-je assez finement.

— Ça, oui, peut-être… Quelquefois.

— Et avez-vous été cet homme ?

— S'il te faut absolument une réponse, je suppose que oui. Mais tout le monde ne serait sans doute pas de cet avis. Il y a eu notamment un sergent Blythe qui… »

Il s'interrompit brusquement et s'enquit :

« Tu es très intéressée par les histoires de crimes ?

— Non ! protestai-je avec indignation.

— Moi non plus.

— Je trouve ça bête.

— La plupart le sont, oui », opina-t-il.

Bien entendu, nous n'étions pas vraiment d'accord car nous ne parlions pas de la même chose. Moi, je trouvais que c'était bête de lire des romans policiers comme le fait Bill, tandis que lui voulait dire que les criminels étaient bêtes.

Comme après cela le silence tendait à devenir pesant, je dis sur un ton d'excuse :

« Excusez-moi de vous avoir questionné comme ça… Je voulais juste savoir si c'était bien vous…

— Le Fred de Miss Viney », murmura-t-il en hochant la tête.

A l'époque, j'étais encore à l'âge où l'on rougit facilement et je piquai un fard.

« Je désire simplement que tu comprennes une chose », reprit-il. Puis il pointa le doigt : « Regarde !

— Ballards ?

— Oui.

— C'est ravissant, dis-je, car c'était la plus jolie maison que j'eusse encore vue.

— Alors, peux-tu comprendre qu'il se passe dans le monde entier des choses horribles, dont on ne doit pas parler dans un tel environnement ?

— Oui, murmurai-je.

— Et là, regarde ! »

Sa main avait esquissé un demi-cercle en direction du jardin, où foisonnaient passe-roses, gueules-de-loup, mauves et soucis ; au-delà, c'était la prairie descendant doucement vers la rivière, où des vaches brunes paissaient en balançant doucement leur queue ; sur le tout planait le bourdonnement des abeilles dans la paix de cette matinée bleutée. Soudain, tout cela me paraissait tellement beau que j'en avais la gorge comme nouée.

« Comprends-tu que lorsqu'on est assis face à tout cela, il est pénible de penser à des hommes et des femmes, des gens comme nous, qui sont enfermés et ne voient rien qu'un tout petit morceau de ciel à travers des barreaux ?

— Mais s'ils étaient méchants, n'aviez-vous pas raison de les enfermer là ?

— Qui peut savoir quel degré de méchanceté habite chacun de nous ? Qui le peut en dehors de Dieu ? »

Quand il parlait ainsi de Dieu, Celui-ci me semblait plus proche que lors des sermons de Père.

« Personne », dis-je.

Il se servit encore un peu de xérès et le but. Puis, s'essuyant la bouche d'un revers de main, il conclut :

« Et voilà pourquoi ici je suis simplement Mr Anderson.

— Oui, monsieur Anderson, dis-je humblement.

— Ou, bien sûr, oncle John pour ma petite Tony si ça lui plaît ?

— Oh ! » m'écriai-je en lui sautant au cou et l'embrassant.

C'était la première fois que je l'embrassais et je ne suis pas de celles qui le font sans y attacher d'importance.

« Sur ce, dit-il en se levant et se mouchant, allons voir si nous trouvons des framboises. »

Et bien que j'eusse l'estomac plein de framboises, je le suivis.

4

Le fait que notre Mr Anderson avait été un des Quatre Grands de Scotland devint vite dans le village ce que Mlle Stouffet appelait en français *un secret de Polichinelle*. Pour ceux de mes lecteurs qui n'ont jamais étudié jusqu'en 6e Moderne B, je dirai que cela désigne quelque chose que tout le monde sait mais dont personne ne parle. Au cas où quelqu'un s'imaginerait que c'est moi qui ai trahi le secret de Mr Anderson, je ferai simplement remarquer que Miss Viney ne garde jamais pour elle ce qu'elle apprend par l'intermédiaire de Fred et que tout Essington en est vite informé, mais c'est parce que j'ai dit à tout le monde que Mr Anderson ne voulait pas parler de ça, que personne n'y fait jamais allusion. Car nous éprouvons tous trop d'affection à son égard pour risquer de le contrarier.

N'empêche que cela fit une différence à nos yeux. Mr Anderson avait toujours été sympathique à tout le monde, mais désormais il nous paraissait avoir une sorte d'auréole. Il aimait beaucoup le cricket, et comme il était trop vieux pour y jouer, il se montrait toujours disposé à arbitrer nos matches, tâche pourtant bien ingrate, source d'acrimonie et de désillusions. Mais à présent, il lui suffisait de lever le doigt pour que toute dispute prenne immédiatement fin, ce qui est inhabituel chez les joueurs de cricket. Si Mr Prossett, le patron de *Aux Trois Pêcheurs*, risquait d'avoir quelque ennui pour avoir fermé après l'heure, il suffisait d'en avertir Mr Anderson et l'affaire s'arrêtait là. Quand il fut élu à l'unanimité marguillier de la paroisse, plus d'un pensa certainement que *lui* ne risquait pas de confondre le produit de la quête avec sa propre monnaie. Je ne veux pas dire que les marguilliers se comportent généralement ainsi, mais il est facile de soupçonner les autres d'agir de la sorte quand on n'est pas soi-même en mesure de le faire. Et j'en rougis pour mon sexe, mais je dois convenir que ce sont surtout des femmes qui soupçonnent les maris d'autres femmes de se conduire aussi mal.

Et pour donner un dernier exemple de ce qu'était devenue la position de notre héros au village, j'ajouterai que lorsqu'un fou s'échappa de l'asile du comté, situé à dix kilomètres, les mères se bornèrent à dire calmement : « Mr Anderson doit certainement en avoir été informé », tout en continuant de vaquer à leurs occupations ménagères. Tandis que lors de la précédente évasion, six ans auparavant, je ne pouvais sortir du presbytère qu'en compagnie de Père et d'un chien de berger.

Il va sans dire que oncle John avait été élu vice-président du Club de Cricket comme de celui de Football, de la Société d'Horticulture, du Groupe de Recherches archéologiques, et de la section locale des Girl-Scouts, mais ce sont là des postes purement honorifiques donnant simplement droit au titulaire de verser une cotisation annuelle d'une guinée minimum ; cela s'était donc fait tout naturellement peu après son arrivée. A présent, il était président ou trésorier de toutes ces associations. En fait, il était désormais non seulement l'homme le plus aimé du village, mais aussi le plus influent ; certains auraient ajouté poliment « Après le pasteur, bien sûr ». Mais je pense sincèrement que son influence était plus grande que celle de Père. Quand Père dit quelque chose, les gens pensent : « Étant pasteur, il est obligé d'avoir cette opinion, cela va de soi. » Mais lorsque Mr Anderson disait la même chose, cela émanait d'un homme comme eux et donnait beaucoup plus de poids à ses paroles.

5

Ce chapitre a été court parce que je dois maintenant vous dire qu'oncle John est mort subitement, voici quelques semaines, mort d'une « attaque ». Je ne suis pas assez au courant pour expliquer ce qu'est une attaque, je sais seulement que c'est une chose qui arrive tout d'un coup à des personnes d'un certain âge. Pour lui, ça s'est produit le dernier jour du trimestre et la première chose qu'on m'a dite lorsque je suis arrivée du pensionnat c'est qu'il venait de mourir. Et je me suis sentie alors très malheureuse, bien que ce fût le début des vacances.

Père reçut d'un notaire de Londres un télégramme lui demandant de faire le nécessaire pour l'enterrement, en ajoutant qu'il viendrait dès que possible mais que ça ne serait sûrement pas avant quelques jours. Nous décidâmes alors de lui faire des obsèques officielles ; autrement dit : que le village d'Essington en assumerait tous les frais sans rien accepter du notaire. Et l'une des premières questions qu'on eut à trancher, fut de savoir ce qui serait gravé sur la tombe.

« J'ai trouvé ! m'exclamai-je soudain à table ce soir-là.

— Quoi donc, ma chérie ? s'enquit Mère.

— On inscrira sur la tombe : *Un homme de bien et qui fit de bonnes choses* ! »

S'étant éclairci la gorge avec élégance, Père déclara ne pas reconnaître la citation. Je n'en fus pas étonnée, car ses lectures sont différentes des miennes ; je lui précisai donc qu'il s'agissait de ce que Mary dit de Giles Winterbourne dans *Gens de la Lande*. Père eut un haussement de sourcils :

« Thomas Hardy ? fit-il. Je crains que ce ne soit guère de mise dans un cimetière, Antonia. »

Mère me regarda en secouant légèrement la tête, ce qui voulait dire : « N'insiste pas. Je t'expliquerai plus tard. » Puis elle suggéra :

« Pourquoi pas, tout simplement : *Un homme très aimé* ?

— Daniel, chapitre x, verset 2, dit aussitôt Père. Il se trouve que c'est ce que j'ai déjà choisi pour mon sermon de dimanche. »

L'enterrement ayant lieu le samedi, je me rendais compte que cela le contrariait car c'était parfait pour un éloge funèbre ; mais si l'on décidait de graver cela sur la tombe, tout le monde en serait déjà informé et le sermon n'aurait plus le même impact. Ce sont des choses auxquelles Père doit penser.

Mère, qui sait toujours ce qui se passe dans la tête de Père, dit alors :

« Il n'y a pas d'urgence : nous ne pouvons pas donner d'ordre au marbrier avant d'avoir vu le notaire.

— Il m'a laissé carte blanche, et cela ne dépend donc que du village.

— Mais pas de choisir aussi sa date de naissance ?

— Non, c'est juste », acquiesça Père avec un tendre sourire, parce qu'il l'aime beaucoup (qui pourrait ne pas l'aimer ?) mais aussi parce qu'ainsi son sermon ne serait pas gâché.

Il fut donc décidé d'attendre.

Un enterrement est une chose impressionnante, même si l'on ne tenait pas spécialement à la personne défunte : la tombe est si profonde et elle a quelque chose de tellement final. Il avait été mon premier ami et je ne pouvais retenir mes larmes. Je déteste pleurer en public, mais tout le village était présent et faisait de même. Le lendemain, dimanche, le sermon de Père fut si beau, que mes larmes coulèrent de nouveau, comme elles coulent tandis que j'écris ceci. Mais je crois que je serais également très émue si je relatais la mort d'un personnage de mon roman.

Lundi, le notaire est arrivé. Père l'a conduit dans son bureau et ils y sont restés un long moment. Quand ils en sont ressortis, Père était visiblement bouleversé.

Là, je pense que je vais mettre quelques points de suspension…

Car Mr Anderson s'appelait en réalité John Luton. Et il avait étranglé sa femme…

Tout d'abord, j'eus le sentiment qu'il m'avait menti, ce fameux matin d'il y a trois ans, et ça, je n'aurais pu l'endurer. Mais si vous relisez ce que j'ai écrit, vous verrez qu'il n'en est rien. Il avait passé quinze ans en prison, et lorsqu'il en est sorti il a changé de nom, se faisant appeler Anderson. Mais je ne pense pas qu'il ait choisi ce nom parce que c'était celui de l'homme qui l'avait arrêté. Ou peut-être que si… Je ne sais pas grand-chose de lui. Sauf que, lorsque je l'ai connu, c'était un homme de bien et qui fit de bonnes choses.

On a quand même gravé sur sa tombe : *Un homme très aimé*. Mais Père a fait ajouter un passage tiré du psaume XXXI, et, bien que j'aie souvent été d'un avis différent de celui de Père, j'ai le sentiment qu'il a choisi exactement les mots qui convenaient pour clore l'histoire de mon cher oncle John.

« Je remets mon esprit entre tes mains : tu me délivreras, Éternel, Dieu de vérité ! »

A Man Greatly Beloved
Traduction de Maurice Bernard Endrèbe.

Miss Nobody

par Jule Selbo

On ne s'occupe guère de moi en classe. A vrai dire, on ne s'occupe absolument pas de moi. A tel point que les professeurs oublient de m'interroger. Il m'est arrivé de ne pas rendre mes devoirs de toute une semaine et Mr Thornton, le prof de travaux pratiques, ne s'en est même pas aperçu.

Mr Thornton ne cesse de nous répéter que nous n'apprécierons jamais assez ces années d'université, les meilleures de notre vie. Une fois nos diplômes obtenus, les responsabilités commenceront. Nous serons obligés de réfléchir à ce que nous devons faire, non à ce qu'il nous plairait de faire.

J'estime que je n'ai pas grand-chose à

attendre de ces meilleures années de ma vie sauf, peut-être, lire le plus possible de romans policiers.

Les cheveux d'un brun terne, les yeux gris, petite, mince, je suis tellement insignifiante que personne ne songe à m'adresser la parole. Alors, je passe la majeure partie de mon temps à lire. Même pendant les cours sur les racines carrées, l'architecture médiévale ou les rayons laser. Par chance, il m'en reste quelques bribes au moment des examens. Évidemment, j'obtiens tout juste un C de moyenne.

J'aurais mieux fait d'être plongée dans un livre le jour où on a tiré sur Greg Lancaster d'un coup de revolver, le touchant à la jambe.

Mais non ! Assise dans la salle d'étude de la bibliothèque, section « Histoire de l'Indiana », le nez en l'air, je cherchais les titres des ouvrages qui concernaient Gary. Les dernières statistiques sur les taux de la criminalité indiquaient que ma ville venait presque en tête de liste.

« Y avait-il eu toujours autant de violence à Gary ? » pensai-je. Il faudrait une force de police super-puissante qui traque les bandits afin que les gens se sentent enfin en sécurité quand ils rentrent chez eux à la nuit. D'ailleurs, un de ces soirs, je risquais peut-être d'être victime d'une agression, moi aussi. Voyons ! A quoi bon m'inquiéter. Pourquoi un meurtrier me remarquerait-il puisque tout le monde m'ignorait ?

J'en étais là de mes supputations, à l'arrivée de Greg Lancaster, le garçon le plus populaire de l'école. Il s'avança dans la travée, désinvolte, laissant traîner ses doigts sur les livres, tout en dégustant une barre de chocolat.

Si Miss Kingston avait surpris ce manège, elle aurait eu vite fait de le lui fourrer dans la gorge, son chocolat !

Il s'arrêta à un mètre cinquante environ de ma table, jeta un coup d'œil circulaire pour s'assurer que personne ne l'observait. Mais j'étais seule, le dos au mur, fondue dans la grisaille du décor, selon mon habitude, un roman policier devant moi — recouvert d'un anodin papier d'emballage au cas improbable où quelqu'un s'aviserait de vérifier si j'étudiais mes cours.

Greg m'effleura d'un regard vague. Pour lui, je n'existais pas plus que la lampe de la table. Il se détourna. Tout en terminant la barre de chocolat, il saisit un livre, fouilla la poche de sa chemise, en sortit prestement quelque chose. Il levait le bras à hauteur de l'étagère, quand la scène changea subitement. Un individu, le visage caché sous un bas, surgit dans la travée. Un revolver braqué en direction de Greg, il le visa aux jambes, et tira.

Greg s'effondra aussitôt.

Malgré le bruit de la détonation et le drame dont je venais d'être témoin, je demeurai pétrifiée, incapable d'appeler à l'aide, de crier, ou même d'articuler un son.

L'individu masqué s'élança au bout de l'allée, attrapa un livre, se précipita à l'angle de la pièce et disparut par la porte de secours.

Miss Kingston avait également entendu le coup de feu. Elle émergea de la section « Géographie », suivie d'une quinzaine d'étudiants, parmi lesquels Hazel Henderson, la mignonne petite amie de Greg, qui se mit à hurler.

Miss Kingston courut à son bureau et téléphona au principal.

En un éclair, les gardes de la sécurité envahirent la bibliothèque. On nous rassembla dans l'auditorium et il nous fut recommandé de conserver notre calme. Tout se passerait bien.

Je m'arrangeai pour m'asseoir près de la porte d'entrée. Je vis qu'on emmenait Greg sur un brancard.

Les policiers ne tardèrent pas à nous rejoindre et commencèrent à interroger les élèves, un par un, dans la cabine vitrée au fond de la salle. Ils voulaient connaître la version de chacun sur cette histoire.

Hazel passa la première, puis une autre fille, puis un garçon qui revenait des toilettes. Bref, vous imaginez la suite. Cela ne menait à rien.

Mon tour arriva. Je me levai et me dirigeai vers la cabine. J'allais montrer à ces policiers que j'en savais plus que tous les étudiants réunis. Ils allaient m'écouter, me retenir longtemps auprès d'eux. Je serais la dernière à partir. Ah oui ! j'allais leur montrer qu'ils ne devaient pas me considérer comme quantité négligeable comme le faisaient les autres.

Je m'apprêtai à entrer, mais le policier chargé de l'affaire annonça à voix haute, de façon que tout le monde l'entende : « Merci à tous pour votre aide. Nous avons vos noms et vos numéros de téléphone et nous vous contacterons sans doute prochainement. Nous sommes sûrs qu'il s'agit d'un cas isolé, aussi vous pouvez retourner à vos cours sans crainte. Encore merci. »

J'avais lu dans un roman policier que chaque être humain parvient, un jour, à la limite de sa résistance. Jusqu'aux criminels qui ont leur point faible (ils aiment ou haïssent leur mère, ou ils ne l'ont jamais connue et essaient de s'en trouver une). Pourtant, il faut vraiment pousser les gens à bout pour qu'ils se rebellent.

Ce qui était mon cas. Lasse d'être Miss

Personne, je savais comment faire afin d'étonner mon entourage et forcer son attention.

Au lieu de me rendre au cours d'algèbre, je retournai à la bibliothèque. Miss Kingston aidait un élève à chercher de la documentation en sciences naturelles. En retrait, des filles de troisième année discutaient produits de beauté. Et quelques petits génies travaillaient sur les ordinateurs.

Je traversai la salle. Évidemment, aucun étudiant ne leva les yeux à mon passage.

Mais ils allaient voir !

Je m'approchai des rayons de l'histoire de l'Indiana. Par quoi Flynn aurait-il commencé ? Miss Marple aurait-elle eu déjà un plan ? Archie et Wolfe se seraient-ils consultés avant d'amorcer l'enquête ?

Je m'installai à la place que j'occupais à l'arrivée de Greg, évaluai la distance où il se tenait quand il avait pris le livre et me dirigeai de ce côté.

Greg devait mesurer 1,70 m. Il avait saisi le livre à hauteur de son épaule — le niveau du quatrième rayon. Je regardai les ouvrages. Il y avait un espace vide entre « Histoire folklorique de l'Indiana » et « Histoire véritable de l'Indiana ».

Un vide laissé par le livre que l'individu masqué avait emporté. Son titre pouvait avoir une signification et Miss Kingston était sans doute en mesure de me l'apprendre.

A l'instant où j'allais lui faire signe, je vis une petite enveloppe qui dépassait de « Histoire véritable de l'Indiana ». (Qui avait menti à ce sujet ? me demandai-je.)

Je l'ouvris et lus ce qui était inscrit sur l'enveloppe : « Ceci appartient à Greg Lancaster — Personnel. » L'individu s'était trompé de volume. Je glissai l'enveloppe dans ma poche.

« Que faites-vous là ? »

Les mains sur ses hanches maigres, Miss Kingston me toisait derrière ses lunettes. J'étais si peu accoutumée à ce que l'on me parle que je lançai un regard autour de nous.

« Qui ? Moi ? »

Elle me fixa avec méfiance.

« Bien sûr, vous ! Qui vous a permis d'être ici ? On a tiré sur un de nos étudiants, jeune fille.

— Je... je cherchais un livre pour mon cours d'histoire.

— Vous allez sortir tout de suite ! Si vous avez besoin d'un livre, je vous le donnerai. Maintenant, avancez ! Au fait, comment vous appelez-vous ?

— Moi ? Euh !... Jane Marie Smith, madame.

— En quelle année êtes-vous ?

— En dernière année, madame.

— Vous venez d'être transférée ?

— Non, madame. Je suis dans cette université depuis quatre ans.

— Comment cela se fait-il que je ne vous connaisse pas ?

— Je ne sais pas, madame. Moi, je vous connais. »

Elle me considéra d'un air sévère.

« Nous allons chez le principal. »

Les employés levèrent la tête en nous voyant entrer au secrétariat et échangèrent quelques réflexions :

« Qui est cette fille ?

— Elle doit être nouvelle… »

Le principal avait la police au téléphone quand Miss Kingston fit irruption dans son bureau, en m'entraînant à sa suite.

« J'ai découvert cette élève juste devant le rayon où a eu lieu l'accident, monsieur Glock, expliqua-t-elle. Quelle étrange coïncidence ! Il paraît qu'elle est en quatrième année, mais je ne la crois pas.

— Quel est votre nom ? » s'enquit le principal.

Je le lui dis. Il chargea Miss Kingston de demander à sa secrétaire de lui remettre mon dossier, si toutefois j'en avais un.

Le principal continua à me questionner :

« Quel a été le score final de football à Gary des “Giants” contre l'équipe des “Pigeons” la semaine passée ?

— Je ne m'intéresse guère au football.

— Quel orchestre jouait à notre dernier bal ?

— Je ne vais jamais danser. »

Il n'insista pas davantage et changea de sujet :

« Qui est le président de la classe de quatrième ? »

Cette fois, je savais la réponse.

« Greg Lancaster. »

Mr Glock me fit un signe de tête.

« C'est curieux que vous connaissiez cela et rien que cela… »

Miss Kingston revint, munie de mon dossier.

« Il semble, en effet, qu'il y ait une Jane Marie Smith en dernière année. Une brillante élève ! (Elle renifla de mépris.) Avec un C de moyenne. »

J'aperçus ma photo sur la chemise de mon dossier. Je portais un sweater beige ; mes cheveux paraissaient de la même teinte.

Le regard de Mr Glock l'examina et se reporta sur moi.

« Très bien, Jane Marie Smith. (Il prononçait mon nom comme s'il était sûr de se le rappeler.) Allez en classe et ne retournez plus à la bibliothèque. »

Je quittai le bureau. Les secrétaires ne me regardèrent pas. Elles m'avaient déjà oubliée.

Je m'enfermai dans un box des toilettes, hésitant à ouvrir l'enveloppe. Sherlock ainsi que Charlie Chan l'auraient fait et, en un rien de temps, appris par cœur le message qu'elle contenait. Sam Spade aussi, mais il l'aurait ensuite roulée comme une cigarette et fumée.

Je décachetai l'enveloppe. Dix billets de mille dollars étaient attachés en une seule liasse. Mon cœur battit à coups désordonnés. Je manquais d'air... Je crus que j'allais m'évanouir.

Une sonnerie retentit. J'avais cours d'anglais, le dernier de la journée, dans cinq minutes. Je devais être présente dans la salle 401 si jamais Mr Glock s'avisait d'y passer. Je remis l'argent à sa place et jugeai plus prudent de le cacher dans mon soutien-gorge.

Des élèves bavardaient de l'autre côté de la porte, en se remettant probablement du rouge à lèvres. Je sortis du box. Et elles se retournèrent pour me détailler. Voilà qui me changeait de leur indifférence habituelle ! L'une d'elles me demanda quel blush j'utilisais — elle aimait bien cette couleur.

Éberluée, je dis la première chose qui me venait à l'esprit : « Rouge sang ». Il y eut un silence, puis une petite blonde gloussa nerveusement. Après mon départ, j'entendis sa remarque : « Qui est donc cette fille bizarre ? »

Une chance que j'étais au cours d'anglais

lorsque Mr Glock vint parler au professeur. Tous les deux me regardèrent et le principal nous laissa.

Mr Thornton me demanda qui avait tué le père d'Hamlet. J'étais si perturbée que je répondis que c'était Shakespeare, ce qui déclencha un éclat de rire général. Mr Thornton inscrivit ma note et me dit de préparer la scène où Ophélie devient folle. J'aurais à la réciter le lendemain. J'en fus plutôt déprimée.

Enfin, le cours se termina. Les étudiants parlaient encore de Greg, mais cela ne les empêcha pas de se rendre à l'entraînement de football, à la répétition des supporteurs des équipes ou à celle de la pièce de théâtre montée à l'université.

Les couloirs se vidèrent rapidement. J'attendis derrière un pilier du hall d'entrée le départ de Miss Kingston.

Je me souvenais d'avoir lu les histoires mystérieuses de Nancy Drew quand j'étais à l'école primaire. Elle, qui avait toujours tellement de cran, serait certainement retournée à la bibliothèque et aurait essayé de dénicher d'autres indices.

Je me glissai à l'intérieur de la salle où régnait une demi-pénombre. La section « Histoire de l'Indiana » était carrément obscure, les livres faisant rempart à la lumière du jour qui filtrait des fenêtres. Je ne me sentais guère en sécurité.

Somme toute, il était préférable de rentrer à la maison. Demain, je montrerais l'enveloppe à Mr Glock. Après tout, il valait mieux laisser la police élucider cette affaire. Je décidai que c'était une bonne idée et j'allais partir lorsque je me trouvai face à face avec l'individu masqué.

Nous restâmes là, un bon moment, à nous fixer. Il avait les yeux d'un bleu très clair et des cils noirs. Par le trou découpé dans le bas, je distinguais ses dents blanches, bien rangées. Il reniflait drôlement, comme Brian Hargrave pendant les cours d'anglais. Comme s'il avait de l'asthme — ou un genre de virus qui vous fait couler le nez toute l'année. Je me rappelai le jour où Brian avait enlevé son appareil dentaire. Il arriva en classe, souriant de toutes ses dents et les élèves poussèrent des cris et le félicitèrent. Lorsqu'il avait son appareil, je le surprenais à embrasser sa petite amie dans les couloirs et je m'étais toujours demandé ce qu'elle éprouvait au contact de ces fils métalliques. Brian avait aussi les yeux très clairs, du bleu d'un lac glacé en hiver.

Quelques secondes me suffirent pour être certaine que le tueur masqué n'était autre que Brian Hargrave.

« Qui êtes-vous ? » fit-il d'une voix grinçante.

Je jugeai bon de mentir :

« Une étudiante de première année. Je viens d'être transférée... je m'étais endormie... Je me réveille à l'instant. Heu !... excusez-moi, mais je dois m'en aller. »

J'avais la naïveté de croire que, ne m'ayant jamais vue, il me laisserait partir.

« Pas de chance, la nouvelle ! »

Il m'empoigna, me fit pivoter, m'expédia contre le mur, puis me bâillonna avec une étroite écharpe en laine qu'il m'enfonça profondément dans la bouche. J'aurais dû penser à crier pendant qu'il était temps. Maintenant, c'était trop tard.

Il me poussa et je tombai. Au sol, tout près de moi : un livre intitulé *Topographie de l'Indiana*. Sûrement celui qu'il avait emporté par erreur. D'ailleurs, il fouillait les rayons comme un cinglé, écartait fébrilement les livres qui dégringolaient par terre. Il ne se souciait ni de les ramasser ni de recouvrer son calme.

Haletant, grognant et jurant, il était de plus en plus hors de lui, hurlant qu'il voulait tuer Greg Lancaster.

A la fin, il donna des coups de pied contre l'étagère, encore et encore. Toute la pile s'écroula, fort heureusement un peu loin de moi. La dernière chose que je souhaitais, c'était d'être écrasée sous tous les ouvrages de l'histoire de l'Indiana.

Je fus surprise que la lumière s'allume au même moment. Mais au bruit de voix et de pas précipités, je compris que j'étais sauvée.

Je me tortillai et gémis sous mon bâillon. L'individu arracha son masque ; à genoux, il saisissait les livres et les lançait autour de lui.

Un policier intervint. Brian se débattit faiblement, puis s'effondra en criant :

« Greg a trouvé ma planque ! hurla-t-il pendant qu'on l'emmenait. J'ai besoin d'une dose… Il me faut une dose ! »

Tout devenait clair. Brian se droguait, et sans doute à la cocaïne. Je n'étais pas sotte au point de croire que la poudre blanche qu'il avait une fois sur le nez, cet hiver, était du givre ou le sucre en poudre d'un beignet.

Inexplicablement, j'étais un peu triste pour lui.

Mr Glock me libéra. Miss Kingston daigna me sourire. On m'apporta du thé. Deux charmants policiers parurent s'intéresser à ce que je disais. Je racontai tout ce dont j'avais été témoin et parlai de l'enveloppe. Ils voulurent savoir où elle était. Je leur demandai de se détourner et la tirai de ma cachette.

Je me fis un plaisir aussi de leur signaler que s'ils avaient pris la peine de m'interroger la première fois, les livres ne seraient pas tous éparpillés par terre.

Ensuite, les deux charmants policiers tinrent à me raccompagner chez moi.

C'était épatant de voir l'équipe de football, l'équipe de cross-country, les supporteurs arrêter leur entraînement pour me regarder passer dans la voiture de police.

Je sais que, demain, au cours d'anglais, je réciterai la scène d'Ophélie, sans oublier un seul mot.

Miss Nobody

Traduction de Dominique Sidot.

Une leçon de morale

par DONALD MARTIN

Comme tous les jours, Mrs Grady lisait son journal en prenant son petit déjeuner. Et comme tous les jours, elle sauta les nouvelles nationales et internationales (tout cela était devenu trop sérieux et trop complexe pour qu'elle pût le comprendre) et se mit à lire les nouvelles locales. Poussée par une curiosité morbide, elle y chercha les inévitables histoires de meurtre. Mayhem était célèbre pour ses crimes chaque jour plus horribles. Elle tremblait et frissonnait intérieurement tout en sirotant son café et en lisant les détails cyniques du dernier meurtre ou du dernier hold-up.

« C'est bien ce qu'Oliver disait toujours », dit-elle à voix haute. Depuis vingt ans que son mari Oliver était mort, elle ne cessait de se référer à lui, car il avait, dans sa vie, prononcé des paroles mémorables. Oliver avait dit un jour, et Mrs Grady s'en souvenait maintenant : « Je te le dis, Myrt, au lieu d'avancer, la civilisation est en régression. Le seul fait que, malgré le progrès intellectuel et scientifique, des individus restent des brutes dépourvues de sensibilité, montre bien qu'ils reculent au lieu de progresser. » Oliver, mécanicien au métro, s'était trouvé de ce fait, quotidiennement, en contact avec des milliers de personnes. Ses remarques étaient donc fondées sur l'expérience. Selon Oliver, les hommes devenaient moins patients, moins compréhensifs, plus froids, plus égoïstes. Il pouvait prouver ses théories désabusées par des incidents dont il avait été témoin tous les jours. Oliver était peut-être un homme trop sensible pour la profession qu'il exerçait, mais ses récits prouvant la brutalité irréfléchie de l'humanité avaient toujours fait frissonner Myrt. Elle en frissonnait encore maintenant en voyant les journaux corroborer les paroles de son défunt mari.

Mrs Grady finit son petit déjeuner, replia le journal (elle prenait toujours soin d'en garder la moitié pour lire au cours du déjeuner) et elle se prépara à descendre pour aller faire ses courses. Elle mit son chapeau, enfila son manteau et sortit. De l'escalier elle remarqua quelqu'un penché sur la boîte aux lettres. C'était un jeune homme. Il avait l'air absorbé par sa besogne qui consistait à enfoncer ses doigts dans une des petites boîtes accrochées au mur.

Mrs Grady s'arrêta sur les marches pour observer le jeune homme : elle aurait voulu devenir invisible, et pouvoir ainsi continuer à l'observer tout à loisir. Les doigts du jeune homme fouillaient dans la boîte aux lettres, quand tout à coup il se retourna et son regard croisa celui de la dame pétrifiée. Mrs Grady tressaillit comme si elle s'était sentie, un instant, coupable d'une curiosité déplacée ; le jeune homme eut un geste de recul, lança à Mrs Grady un regard réprobateur puis tourna les talons pour filer. Une voiture d'enfant stationnait près de la porte. Dans sa fuite, il ne remarqua pas l'obstacle, heurta brutalement le landau et s'étala sur le trottoir en poussant un grognement de colère, tandis que le léger véhicule se mettait à se dandiner drôlement sur ses ressorts haut perchés avec l'air de s'amuser beaucoup. L'homme se tordait sur le sol. Il chercha à se remettre sur pieds mais retomba aussitôt sur le dos en geignant.

Mrs Grady passa de l'inquiétude à la peur. A présent elle éprouvait une sorte de pitié tempérée de prudence pour le jeune homme étendu par terre. Elle ne savait que faire. Quand le landau eut enfin cessé d'osciller, elle commença à descendre prudemment les dernières marches de l'escalier, se tenant d'une main à la rampe, les yeux fixés sur le jeune voyou.

En passant devant sa boîte aux lettres, elle y jeta un regard rapide. Elle nota la présence de l'enveloppe brune avec sa fenêtre de cellophane, qui contenait son chèque mensuel. C'était donc cela qu'il cherchait. Elle abaissa les yeux sur le jeune homme, savourant la supériorité que ne manque pas de ressentir celui qui est debout en face d'un adversaire abattu à ses pieds.

« Seriez-vous blessé ? » demanda-t-elle.

Il répondit par un grognement causé moins par la douleur que par l'absurdité de la question.

« Qu'avez-vous ? insista-t-elle. C'est votre jambe ? »

Il répondit d'un signe de tête, en grimaçant. Il avait réussi maintenant à s'asseoir à demi, appuyé sur les mains. Il contemplait d'un air piteux sa cheville où battait une douleur lancinante. Ses traits étaient marqués par l'effort qu'il s'imposait pour ne pas hurler. Pendant qu'il contemplait son pied, elle l'examina. Il n'avait pas plus de vingt ans. Ses longs cheveux noirs n'avaient pas subi depuis longtemps les ciseaux d'un coiffeur. Son blouson de cuir noir portait des boucles argentées et s'ouvrait sur un maillot de corps. Un blue-jean serrait ses hanches étroites. Tout à coup l'expression de son visage changea et refléta un mécontentement intense. Visiblement, il était furieux contre lui-même. Il leva les yeux vers Mrs Grady.

« Alors quoi, dit-elle, êtes-vous fou ? Vous devriez faire attention. Vous auriez pu vous blesser sérieusement.

— Ça va, la petite dame, dit-il. Je suis fait. »

Sa voix dénotait sa résignation à constater sa stupide défaite.

« Pouvez-vous marcher ? demanda-t-elle.

— Bien sûr que non, je ne peux pas. Ah ! si seulement je pouvais...

— Mon Dieu ! dit Mrs Grady en se mordant la lèvre inférieure. C'est votre cheville, n'est-ce pas ?

— Je me la suis tordue », répondit le jeune homme.

Ils se regardèrent. Le jeune homme semblait attendre une question qui ne l'embarrasserait guère. Son visage reflétait déjà la hargne qu'il s'apprêtait à mettre dans sa réponse.

« Vous vous êtes probablement fait une entorse, dit Mrs Grady. Bon, on ne peut tout de même pas vous laisser étendu là. Venez (elle lui tendit la main), laissez-moi vous aider à vous relever. Doucement. »

Le jeune homme tendit la main et serra la sienne. Pesant assez maladroitement de tout son poids sur sa bonne cheville, il réussit enfin à se relever et se tint debout, le pied blessé, à distance respectueuse du sol, s'appuyant d'une main au mur pour tenir en équilibre.

« Vous les jeunes... », commença-t-elle avec un hochement de tête désolé et une note de pessimisme attristé dans sa voix douce comme si elle prévoyait bien des malheurs. « Je ne sais vraiment pas ce que vous allez devenir plus tard. »

Elle l'aida à gravir l'escalier. Ce fut une ascension fort pénible. Finalement, ils atteignirent le palier et le jeune homme put se reposer adossé au mur. Mrs Grady ouvrit sa porte, la poussa et le jeune homme entra en boitant, posant avec une prudence infinie le poids de son corps sur son pied blessé. Elle le conduisit à un grand fauteuil. Il s'y laissa tomber avec un soupir de soulagement et regarda son hôtesse attentive glisser vers lui un petit tabouret. Il y posa doucement son pied endolori.

Mrs Grady retira son manteau.

« Nous allons regarder ça maintenant », dit-elle.

Elle s'agenouilla, délaça sa grosse chaussure

et la retira avec précaution. Puis elle enleva la chaussette et inspecta attentivement la cheville en hochant la tête avec un air grave.

« C'est très enflé, annonça-t-elle. Il faut prendre un bain pour la décongestionner.

— Attention, la petite dame… », commença le garçon.

Mais il dut s'incliner.

« Ça va, laissez-moi faire, jeune homme, coupa-t-elle, vous avez là une entorse très douloureuse et qui vous immobilise complètement. Mais je vais m'en occuper. Ne vous inquiétez pas, je sais comment m'y prendre. Je vais vous préparer un bain et puis je vous banderai la cheville. Bientôt vous pourrez marcher.

— Et après ? Vous allez sans doute me livrer à la police ? »

Mrs Grady se releva.

« Vous livrer à la police ? » dit-elle avec une hésitation.

Elle n'avait pas encore osé envisager cette question. Elle ne se posait jusqu'alors que dans son subconscient, comme une tentation impérieuse. Elle luttait pour la repousser.

« Nous en reparlerons plus tard. Il faut d'abord soigner cette entorse. C'est cela l'essentiel pour le moment. »

Et elle alla s'activer dans la cuisine en murmurant des paroles inintelligibles.

Le visage du jeune homme reflétait l'embarras et l'incrédulité. Il avait l'air d'un homme soudain mis en présence d'une chose dont il a entendu parler mais dont il doute.

Il regarda Mrs Grady faisant chauffer de l'eau chaude dans une grande cuvette où elle vida une boîte de sels d'Epsom et une vapeur légère se dégagea avec un chuintement. Elle apporta la cuvette et la déposa devant le jeune homme. Il souleva son pied du tabouret et l'approcha avec précaution du liquide fumant, puis le recula vivement.

« C'est brûlant ! gémit-il.

— Allons, un grand garçon comme vous, dit Mrs Grady d'un ton de reproche. Allez-y, voyons, ajouta-t-elle câline. C'est tout à fait le remède qu'il vous faut. Allez, plongez votre pied dedans. »

Le jeune homme obéit avec une grimace.

« A propos, comment vous appelez-vous ? demanda-t-elle.

— Tobin, répondit le jeune homme avec mauvaise grâce.

— Eh bien, monsieur Tobin, que faisiez-vous donc autour de ma boîte aux lettres ?

— C'est facile à deviner.

— Vous essayiez de me voler mon chèque. Ce n'est pas très beau.

— Vous n'aviez qu'à ne pas l'y laisser traîner.

— Je descendais justement pour le prendre. Allons, donnez-moi votre blouson », dit Mrs Grady, en se levant de la chaise qu'elle avait placée en face de lui.

Le jeune homme avança un peu le buste et retira péniblement le vêtement. Mrs Grady le lui prit des mains et alla l'accrocher derrière la porte quand tout à coup elle sentit un objet dans la poche. Elle fouilla et en sortit un couteau à cran d'arrêt.

« Oh ! mon Dieu », dit-elle, en élevant le couteau devant ses yeux.

Elle pressa le bouton de sûreté. La lame jaillit avec un claquement sec et s'immobilisa. Mrs Grady frissonna d'horreur comme si elle tenait un serpent.

« Quel objet affreux, articula-t-elle.

— J'en ai besoin, dit Tobin, embarrassé. C'est pour me protéger.

— Vous protéger ? Contre quoi ? »

Tobin haussa les épaules.

« C'est ça l'ennui avec vous, les jeunes d'aujourd'hui, dit Mrs Grady. Couteaux à cran d'arrêt, gangs, violence, brutalité, que sais-je encore ? Tout ce qui vous passe par la tête... Il n'en était pas ainsi au temps de ma jeunesse. Certes, nous aussi, avons eu nos crimes, mais ce n'était jamais aussi brutal que de nos jours. Les voleurs ne portaient jamais des choses comme celles-ci », ajouta-t-elle en montrant le couteau.

Incapable de le refermer, elle le déposa par terre.

Tobin haussa de nouveau les épaules. Cela ne l'impressionnait guère. A son avis, Mrs Grady ne faisait que constater le progrès. Cela lui paraissait normal.

« J'étais femme de ménage chez les Hascombs, dit Mrs Grady. Savez-vous qui sont les Hascombs ?

— Non, répondit le jeune homme.

— Eh bien, ils sont parmi les gens les plus riches du monde. Voilà ce qu'ils sont. Ils possèdent à Long Island une propriété si grande qu'ils ont leur propre terrain de polo. A la fin de sa vie, Mr Hascombs était juge. Il me parlait parfois des jeunes qui comparaissaient devant lui, des jeunes comme vous, monsieur Tobin. Il était horrifié par la brutalité de leurs vols à main armée ; mais ce qui était pire, disait-il, c'est qu'il n'avait presque jamais décelé la plus petite ombre de remords ou le moindre signe montrant que ces jeunes accepteraient un meilleur genre de vie. C'était vraiment effrayant. Pourquoi de nos jours, je vous le demande, faut-il que vous tombiez à huit ou dix sur un vieillard pour le dévaliser et surtout pourquoi faut-il que vous l'assommiez après l'avoir délesté de son argent ? »

Le jeune homme haussa les épaules une fois de plus.

« Tout le monde fait ça, dit-il.

— Vous l'avez fait vous aussi ? » demanda Mrs Grady.

Elle le regardait avec un air de désapprobation attristée.

« Vous devriez avoir honte », conclut-elle.

Tobin poussa un soupir. Il se mit à rogner l'ongle de son pouce. Il avait déjà entendu des paroles de ce genre et cela l'ennuyait à mourir. Mais cette fois il entendit d'autres paroles qui sollicitèrent son attention.

« Vous voudriez savoir si je vais vous dénoncer à la police, reprit Mrs Grady. Supposez que je m'en abstienne. Dieu sait que je n'en ai aucune envie ! Mais si je vous laisse partir, comment puis-je être sûre que je n'offre pas une innocente victime à votre méchanceté ? Comment puis-je être sûre que ce soir ou demain vous ne vous attaquerez pas à d'autres gens ? »

Le jeune homme réfléchissait. Il fixait son pied que l'eau trop chaude avait rougi. Cela lui rappelait trop bien son impuissance.

« Vous, les jeunes, vous êtes vraiment terribles, continua Mrs Grady. Supposez que je m'arme d'un gourdin et que je me mette à vous battre, profitant de ce que vous êtes à ma merci. Est-ce que ce serait loyal ? Pourtant je pourrais me trouver une excuse, vous le savez bien, vous avez essayé de me voler l'argent dont j'ai besoin pour subsister. Et je suis veuve, seule au monde.

— Je n'y peux rien, madame, dit Tobin, laissant tomber sa main dans un geste d'impuissance. C'est la vie. C'est comme ça.

— Est-ce une raison suffisante pour que vous suiviez le train ? Vous est-il jamais venu à l'esprit que vous pourriez essayer de construire un monde meilleur ?

— Ça fait longtemps que ça dure. Certains se font prendre, d'autres pas.

— Je sais bien que le vol est aussi vieux que le monde. Mais ce que je veux dire, c'est qu'il est devenu très brutal. C'est pourtant bien inutile. Cela n'a pas de sens. Quand j'étais jeune, les criminels n'étaient pas pareils. On comptait une foule d'hommes bien élevés parmi eux. On exerçait ce métier-là avec élégance et beaucoup moins de brutalité. »

Le jeune homme continuait à réfléchir, rognant toujours l'ongle de son pouce. Combien de gens avaient essayé de l'amender depuis son enfance ? Cela avait commencé à l'école avec ses maîtres, puis ça avaient été ses parents, son frère aîné, et enfin certains juges de sa ville natale. Il les avait toujours écoutés avec cynisme et scepticisme. Les mots leur venaient aux lèvres avec facilité. Certains les prononçaient avec si peu d'effort et d'un ton si détaché qu'ils semblaient n'y prêter qu'une attention très superficielle. Ils ne disaient tout ça que parce qu'ils s'y croyaient forcés, et ils étaient bien contents de pouvoir se taire quand Tobin était emmené loin d'eux. Il s'était toujours dit qu'ils auraient été bien surpris — en tout cas, ils ne l'auraient pas cru — si par hasard il leur avait promis de s'amender. Il ne l'avait jamais fait et s'était contenté d'écouter : il avait toujours eu conscience du manque de sincérité de leurs sermons.

« Si je vous livre à la police, dit gravement Mrs Grady, ce sera une mauvaise affaire pour vous. J'imagine que vous avez déjà été condamné…

— J'ai déjà été jugé, répondit laconiquement Tobin.

— Voler le courrier… C'est un grave délit. Vous pourriez en avoir pour longtemps. Quel âge avez-vous ?

— Vingt ans. »

Cela parut la frapper. Elle réfléchit. Vingt ans… Ça, c'était vraiment une tragédie.

« Mais pourtant, dit-elle, si je vous laisse partir, qui sait quel innocent en pâtira ?

— Personne peut-être », jeta soudain le jeune homme.

Mrs Grady parut soulagée. Mais elle n'osa pas le laisser paraître. Elle observait Tobin, essayant de juger s'il était sincère. Elle tâcha de montrer de la désinvolture, de peur que son visage ne trahît ses pensées intérieures.

« Comment puis-je être sûre de votre sincérité ? demanda-t-elle.

— J'ai déjà tâté de la prison, répondit Tobin. Je serai franc avec vous. Je n'ai pas aimé ça. Je ne tiens pas à y retourner, jamais. Je suppose que j'y retournerai si je continue dans la même voie.

— Alors, vous commencez à comprendre », reprit Mrs Grady.

Elle sentit en elle une légère excitation.

« Êtes-vous homme à me faire une promesse et à la tenir ?

— Oui.

— A promettre de changer de voie et de mener une vie honnête ?

— Oui, répondit de nouveau Tobin. Vous avez raison. Je suis persuadé que vous avez raison. Cela ne m'est jamais arrivé jusqu'à ce jour. Je sens que vous le désirez ardemment, que vous seriez fière de m'avoir remis sur la bonne voie.

— C'est exact, assura Mrs Grady. Je ne puis

supporter l'idée que vous alliez assommer les braves gens.

— Je vais être franc avec vous... Ça ne me sera pas facile.

— Mais vous essaierez ? »

Change de vie, mon vieux Tobin, se dit sardoniquement le jeune homme. Retrouve le bon chemin et suis-le. Une vie nouvelle. Ça l'amusait. Bien sûr, il n'y croyait pas.

« Oui, promit-il. J'essaierai. »

Mrs Grady ne savait que faire. De toute la force de ses facultés mentales, elle s'attaquait à ce problème. C'était devenu bizarrement complexe. Elle voyait le monde entier modifié. C'était comme si elle était amenée soudain à porter un jugement d'une portée universelle. Elle commençait à se demander si le destin ne se jouait pas d'elle, étant donné l'ampleur de ce problème. Et puis tout à coup elle se rendit compte que c'était son devoir et qu'elle devait enfin prendre une décision.

Son front devint grave et sévère comme celui d'un juge. Elle ne voulait pas envoyer ce jeune homme en prison. Sa destinée était entre ses mains. Puis elle se dit : que ferait Oliver ? Oliver avait été un mari assez terne, mais comme elle, plein de compassion. Il avait souvent affirmé que les hommes n'avaient pas assez de compréhension les uns pour les autres. Elle leva les yeux vers le portrait du vieil Oliver, dans son cadre en or. Mais ses traits sérieux restèrent immobiles. Mrs Grady restait seule avec son problème.

Elle avait la parole du jeune homme. Et si c'était une promesse sincère ? Pouvait-elle l'envoyer en prison le jour même où il essayait de se racheter ? Si elle choisissait cette solution, un tel acte de sa part serait impardonnable.

Le jeune homme reprit la parole :

« Vous allez me livrer aux flics ? »

La question troubla Mrs Grady et la poussa à se prononcer avant qu'elle ait pu mûrir sa décision. Mrs Grady savait très bien qu'il y a des gens qui sont entraînés irrésistiblement dans l'engrenage d'une vie de crimes. Elle savait aussi que certains trouvaient cette vie pleine d'attraits.

« Vous rendez-vous compte de la gravité de votre promesse ? demanda-t-elle.

— Naturellement.

— Vous promettez de changer de vie. C'est peut-être trop vous demander. »

Tobin la regarda avec un air étonné.

« Promettez-moi au moins de ne plus assommer vos victimes, et de ne plus porter sur vous ces horribles couteaux et ces revolvers, ajouta-t-elle.

— D'accord », dit le jeune homme.

Mrs Grady battit des mains. Elle était merveilleusement heureuse.

« Vous vous rendrez un grand service à vous-même, dit-elle. Oh ! mon Dieu, je dois avoir l'air d'un bon vieux prédicateur ou quelque chose de ce genre. L'eau est-elle refroidie ? Tenez, je vais la réchauffer. Restez assis et reposez-vous. Vous allez bientôt vous sentir mieux. Je vois déjà que vous allez un peu mieux. »

Et elle emporta la cuvette.

Tobin la regarda s'éloigner. Quand elle fut dans la cuisine, il s'appuya des deux mains sur le fauteuil et se leva péniblement. Il repoussa d'un coup de pied le tabouret et se mit debout avec précaution. Il laissa peu à peu le poids de son corps peser sur son pied blessé. Avec un immense plaisir, il sentit qu'il pouvait reposer dessus sans trop souffrir. Il fit quelques pas. Rapidement il enfila sa chaussette et remit sa chaussure, qu'il laça avec la rapidité de l'éclair. Puis il se releva et se mit à inspecter la pièce. Avisant un secrétaire, il y alla et ouvrit le tiroir supérieur. Une boîte plate s'y trouvait dans un coin. Il l'ouvrit et une vague de plaisir le submergea quand il vit des bijoux délicatement posés sur une feuille de coton hydrophile. Il saisit un collier de diamants et le fit briller, les yeux grands ouverts d'admiration. Il le fourra dans sa poche. Le reste des bijoux suivit le même chemin.

Quand il se retourna, il vit Mrs Grady debout dans l'encadrement de la porte. Elle l'observait, tenant à la main la cuvette d'eau chaude. Son regard était plein de désapprobation. L'espace d'un instant il se sentit honteux. Mais la honte s'évanouit très vite.

« Ça va, la mère », dit Tobin.

Il s'avança vers elle. Il boitait légèrement, mais il n'y pensait plus guère maintenant que les bijoux le brûlaient à travers sa poche comme une torche. Il ramassa le couteau ouvert.

« Je ne vais pas vous faire de mal, la petite mère », dit-il.

Le couteau reposait dans sa main et la lame lançait des éclats bleutés. Les yeux de Mrs Grady s'emplissaient d'un reproche muet. Pourquoi vous faut-il emporter cette arme horrible ? Pourquoi donc ne la jetez-vous pas à terre ?

« Je m'en vais, dit le jeune homme. Et je tiens à ma sécurité. Je veux que vous la fermiez jusqu'à ce que je sois loin. Vous m'avez laissé ma chance, maintenant à moi de vous laisser la vôtre. Si vous parlez de moi aux flics, je reviendrai et je vous buterai. »

Tout en proférant cette horrible menace, il

recula vers la porte. Ils se regardaient comme des hommes qui vont se battre en duel, Mrs Grady portant toujours sa cuvette devant elle comme une offrande. Puis il disparut. Elle l'entendit descendre l'escalier.

Mrs Grady eut un sursaut, elle posa à terre sa cuvette et se précipita vers le secrétaire. Elle savait ce qui l'attendait. Elle regarda dans le tiroir du haut resté ouvert, puis dans la boîte vide, sur le coussin de coton hydrophile où avaient reposé les bijoux. Alors elle claqua des mains.

« Oh ! dit-elle à voix haute, Oh ! le vaurien. »

Tobin sortit dans la rue en plein soleil. Il leva les yeux vers les fenêtres de la vieille dame. Il s'attendait à tout moment à l'entendre crier. Aussi se mit-il à courir. Il courut jusqu'au coin de la rue et tourna à droite. Il courait en boitant assez fort et ce spectacle ridicule attira l'attention de deux policiers en voiture. Ils stoppèrent brutalement sur le trottoir juste devant lui et bondirent des portières ouvertes avec violence. Tobin, surpris, s'arrêta pile en se maudissant lui-même.

Une heure après, il était effondré sur une chaise au poste de police.

« Nous avons trouvé ça sur lui », dit l'un des deux agents, en posant le couteau à cran d'arrêt sur le bureau de son chef.

Puis il ajouta ces mots, comme s'il les avait gardés pour produire son petit effet, car il les prononça avec emphase :

« Et ceci. »

Et il mit triomphalement sous les yeux de son chef médusé, une poignée de bijoux de grande valeur.

Le chef crut tomber à la renverse.

« Ça alors ! Je veux bien être pendu, murmura-t-il dans un souffle.

— Ça vaut la peine, ajouta le policier qui avait déposé les bijoux, un large sourire sur les lèvres. Il y a là des bijoux volés chez les Hascombs. Et le reste semble bien être le butin des autres cambriolages de Long Island. »

A ces mots, le jeune homme vacilla sur sa chaise. Il ne put que répondre :

« Je vous assure, ce n'est pas moi l'auteur de ces cambriolages. »

En réponse, il n'entendit que des voix faussement paternelles.

« Bien sûr, petit. Bien sûr ! Quelle guigne ! Allez, mets-toi à table maintenant. »

A Reform Movement
D'après la traduction de Joseph Castel.

Table

IMPRIMÉ EN FRANCE PAR BRODARD ET TAUPIN
Usine de La Flèche, 72200.
Dépôt légal Imp. : 6960R-5 – Edit : 1717.
20-07-9610-02-5 – ISBN : 2-01-209610-7.
Loi n° 49-956 du 16 juillet 1949 sur les publications destinées à la jeunesse.
Dépôt : mai 1997.

Alison Patrick

HELL AND HIGH WATER

Thomas Thompson

ANDRE DEUTSCH

First published 1975 by
André Deutsch Limited
105 Great Russell Street London WC1

Printed in Great Britain by
Lowe & Brydone (Printers) Ltd
Thetford, Norfolk

ISBN 0 233 96705 2

ILLUSTRATIONS

BETWEEN PAGES 112 AND 113

". . . There is, one knows not what sweet mystery about this sea, whose gently awful stirrings seem to speak of some hidden soul beneath . . . the waves should rise and fall, and ebb and flow unceasingly; for here, millions of mixed shades and shadows, drowned dreams, somnambulisms, reveries; all that we call lives and souls, lie dreaming, dreaming, still; tossing like slumberers in their beds; the ever-rolling waves but made so by their restlessness. . . ."

". . . But when a man's religion becomes really frantic; when it is a positive torment to him; and, in fine, makes this earth of ours an incomfortable inn to lodge in; then I think it high time to take that individual aside and argue the point with him."

Moby Dick

1

THE SOFT SUMMER WIND abruptly died and it became eerily still, almost an omen. James Fisher stood in the bow pulpit of the thirty-one-foot trimaran he had built with his own hands, and he called out mightily to the God who dominated all of his days and nights. "Dear Lord," he cried, his voice passionate in its summons, carrying across the windless hush of the Tacoma marina and causing the other yachtsmen at moor to look up, "we ask for Your protection and guidance. We ask for Your hand upon the wheel. We ask for a safe journey, with a fair wind to fill our sails and hurry us to Your work. We ask that You watch over my brother-in-law, Bob, and his wife, Linda, and me, for we are Your children, going forth on a mission in Your blessed name. . . ."

The prayed-for brother-in-law, Robert Tininenko, glanced up. He would tolerate with courtesy any man's prayer, but he disliked being included when he no longer believed in that specific God. A decade before, Bob Tininenko had quit the church into which he had been born, the Seventh Day Adventists. His wife Linda, standing beside him, caught the tension and squeezed his elbow. If he had had any intention of interrupting the prayer to disclaim membership in the family of his brother-in-law's God, tactfully he did not.

As soon as the prayer was done, the Tininenkos were to leave on a sea journey of perhaps as long as fifty days with their brother-in-law, a man so devout, so unwavering in Adventist faith that he did not attend movies, watch television, drink coffee, utter curses, or even read the newspaper. Jim Fisher lived this life in preparation for a second and better one, in the arms of Christ, and he considered it his obligation to enlist others to do the same.

"Get on with it, Jim," Bob muttered under his breath, looking at the fast-dwindling sun. Already they had been delayed most of the day while Jim and a friend tinkered with the radios, setting the antennae and tuning in the frequencies. If the religious exhortation stretched on much longer, darkness would cover their leave-taking. And Bob did not relish threading through a harbor and into Puget Sound at night.

Still, Jim prayed on. "We further ask, dear Lord, that You look after my beloved wife, Wilma, and our two sons, and our unborn child. We pray that You will watch over all of our loved ones and family members. We, Thy servants, dedicate this boat, this voyage, and our lives to

You. Thank You for hearing and answering our prayers, dear Jesus."

Bob squeezed Linda's hand and she could feel his impatience. But now the prayer was concluding.

"Amen!" For another moment, Jim's body trembled, as if a force had passed from the unseen into his outstretched hand and down into the muscles and fibers of his husky body. Then he touched the steering wheel of his sailboat as if to transfer this divine power. He nodded.

"Ready?" asked Bob.

"Let's go," said Jim. Only now it was his normal voice, reticent, soft, rather like the tone used by people who fear their remarks will be of little interest to anyone. Only in conversation with the Almighty did Jim's voice fill and rise.

Thus at day's end on July 2, 1973, with the one man moving surely to disengage the lines and the other firing up the small motor to replace the absent wind, did the *Triton* and its crew of three ease out of the marina and into Puget Sound. From there the graceful, gleaming white craft with blue hull and yellow trim would, on the third day, enter the Pacific Ocean, make a broad turn to the south, and follow a carefully prescribed course alongside and down the western coast of the United States, past Mexico, and—if their calculations were accurate and the winds benevolent—tie up finally in Costa Rica thirty to fifty days hence.

It had arisen suddenly, the idea for the adventurous summer voyage. In early May, as the academic year neared its end at the Adventist high school in Auburn,

Washington where Jim served as registrar and occasional instructor of German, a letter arrived. Upon reading its contents, the stocky, blond young man bowed his head and prayed with sudden happiness. At long last, it had happened. God had answered his prayer. An invitation for missionary work!

That night Jim rushed home and thrust the letter upon his wife, Wilma. Reading it hurriedly, she shared her husband's excitement. Together they prayed their thanks.

"Well," asked Jim quickly, when their prayer was done, "what do you think?"

Wilma scanned the letter again. "I have never interfered in what you want to do," she said. "You must do what you believe is the Lord's will. You make the decision."

The letter was from Elder Fleck, a retired Adventist minister who was establishing a bakery in San José, Costa Rica. His intention was to employ Costa Rican youths, to work in the bakery, to pay them good salaries, and to convert and proselytize for the church. If the bakery made profits, they would be used to establish other small industries and to further spread Adventist doctrine. It was a way of combining missionary and business activities, two objectives in which the Adventists are traditionally strong.

Elder Fleck wanted Jim Fisher to be his administrative aide at the bakery and to start up other light industry, such as broom and mattress factories. If Jim accepted, it would be a four-year commitment. But the pay would be meager and the living conditions hard.

Jim and Wilma Fisher had always lived frugally, both

by religious intent and because he made only $400 a month in his job at the Adventist high school. Their home was rented from the church for $50 a month. Their clothes Wilma sewed or bought from Goodwill, their vegetables (they ate no meat) came from a home garden, their furniture was built by Jim's hands. There was no television set, no newspaper subscription, no budget at all for entertainment other than family outings to collect Indian artifacts along the Columbia River or seashells near the Sound. But even with a strict ten per cent of their income going to the Adventist tithe, the Fishers were not in debt, nor did they consider their lives barren. Theirs was the good and hard life of an unfrilled America, an America where credit cards and installment buying did not exist, an America where family roles were sharply defined—father as wage earner and disciplinarian, mother as homemaker and teacher of the young, children as obedient and dutiful progeny. It was and always would be thus in the Fisher family.

Their simple, puritan tastes and harsh economies had even left them enough extra, by meticulous budgeting, for Jim to build the thirty-one-foot trimaran, an accomplishment that dazzled their more affluent and debt-burdened friends.

First there had been a simple thirteen-foot catboat that Jim had constructed to take his family on the lakes and rivers of the Pacific Northwest. Setting his sights on a more ambitious project, Jim had sold the boat for $600 and with that money purchased plans and matériel for a trimaran. Finding an old discarded revival meeting tent, he rigged it into a work shed next to his house. The building of his new boat became a consuming family project for two years.

Trimarans are sea creatures of grace and beauty, descended from the Polynesian outrigger canoe, which sliced across the Pacific for thousands of years. Jim chose the design over more conventional sailboats not because trimarans are known to be quick, nor because of their spacious interiors which can accommodate several sleeping passengers, but because of the cost. A thirty-one-foot trimaran could be constructed for a third as much as a keelboat. And, Jim pointed out to Wilma, trimarans are supposed to be virtually unsinkable.

Two years and some $5,000 later, the boat was done. The name *Triton,* which Jim selected for his trimaran, held two meanings. One was clever—the craft had three hulls and weighed one ton; the other was romantic—triton was a kind of brightly colored seashell that Jim loved to collect. That Triton was also the name of a minor Greek deity, son of Poseidon, god of the sea, did not occur to him, for Jim's grounding in mythology was slight. His education had been firmly within the framework of his church, and he did not wander often into fiction or the imagination of pagan cultures.

The *Triton* served splendidly as a family diversion on Puget Sound during the summer of 1972. Four could sleep comfortably on the two double beds, two more could pass the night on cushioned benches, and the spacious top deck was perfect for sunbathing and casting for salmon or plunging off into the cold, clear waters of the Sound.

It was, in truth, the only possession of the Fisher family

worth very much materially, discounting an ancient Volkswagen and an elaborate home-built aquarium for tropical fish. Jim adored his boat so much that it sometimes worried him. In conversations with God, he would promise that if his pleasure in owning and using the boat ever encroached on his love and service to God, then he would banish it. Immediately.

One week after the letter from Costa Rica arrived, a week filled with prayer—old-fashioned, down-on-the-knees kind of prayer—Jim announced that he would accept the call. It is an order from God, he told his family, and in this house, God is always obeyed. Wilma was prepared for the decision, because she and her husband had agreed months earlier that if no invitation for missionary work was made to them, they would leave their home in Auburn and spend a year as free-lance missionaries. Both wanted and prayed for an opportunity to serve their church.

Once accepted, the move to Costa Rica demanded sudden decisions. Because there was no money to pay for a moving company, they decided to sell everything. Wilma held a garage sale, and, to her delight, everything was bought quickly, even their old car. "God means for us to go," she told her husband, happily counting the almost one thousand dollars realized.

But what of the *Triton*?

"Tell me what to do, Lord," Jim prayed. Should he sell the boat? As she stood the trimaran was worth between $15,000 and $20,000, and this money Jim could invest in his missionary endeavors. Or should he sail her to Costa Rica, where the *Triton* could be used to take students on outings and show them the beauties of God's world?

He put it to God squarely, as was his custom. If You want me to sell my boat, he prayed, then send me a buyer.

Having issued the challenge, Jim waited for a response. He believed not only in the real power of prayer, but in the notion that God always made His will known. Perhaps Jim stretched this point a little, for he dearly wanted to take the boat on which he had worked so long. Consequently he did not put a "For Sale" advertisement in the newspaper, nor did he tack one up on the *Triton*'s mooring at the marina, nor did he spread word among his friends and sailing colleagues that his trimaran could be purchased. Thus when, after a month or so, the Lord had not materialized a buyer, Jim decided that it was meant for the *Triton* to sail to Costa Rica and join him in his missionary work.

Now the question arose, how would he get her there? Wilma and his small sons could not sail as crew, because his wife was pregnant with their third child. The second son had been born two months prematurely, so frail that he was almost lost, and with that precedent, Jim felt he could not risk having his wife go into labor somewhere off the coast of Mexico.

Then why not, suggested Wilma, ask her brother, Bob Tininenko? Known by family reputation as an excellent sailor, Bob was above all a man who seized life and attacked it, whether scaling a mountain, skiing down a precipitous slope, or backpacking into the remote regions of Rumania. He, too, was married, but Bob and Linda had no children and were prone to do things impulsively.

Their marriage and their world stood radically apart from the Fishers' frugality and piousness. Theirs was a relationship of candlelight and good burgundy and a sleeping bag thrown down on pine needles beside a rushing stream. They were a striking couple, he with dark good looks and compact, muscular body, she possessed of exquisite beauty and grace adorning the angular figure of a high-fashion model. The blood of the East flowed in both. His parents had come from Russia in the early part of the century in the wave of immigrants fleeing the chaos of revolution. Her mother was Japanese, a Tokyo girl who had fallen in love with an American Navy man during the occupation following World War II.

Though shy, like her mother, Linda gamely followed her husband up his cliffs and into his wildernesses. They had even met on the side of a mountain where Bob was teaching a ski class to his junior college students. Linda showed up the first day with her bindings on backwards, and Bob laughed. But her determination to learn made him respectful, and within the few months that it took her to become one of the best and most daring skiers on the mountain, he was irrevocably in love with her. They were married six months later.

Because both were now teachers—he an instructor of history at Lower Columbia Community College, she with a year as remedial-reading instructor for children, now going on to a first-grade assignment—both would be free for the summer. Wilma's suggestion was perfect, said Jim happily. Every detail was going so smoothly that God's hand must surely be guiding them.

Bob received the cruise invitation with interest, but he

immediately wanted to know what kind of navigational equipment and radios the *Triton* would have. Having sailed on the boat during a summer cruise in 1972 to Vancouver, Bob knew she was not rigged for long-range ocean communication.

The best there is, promised Jim. He was even then in the final process of getting his license to send and receive over ham radio.

A few days later, with Linda's enthusiastic consent, Bob called his brother-in-law and said they would go, the one proviso being that the radio lifeline between ship and shore be satisfactory to him. Once again, Jim promised an excellent radio setup, with an elaborate system of communications to friends down the coasts of the United States and Mexico.

There was, however, a shadow in his voice, something vague, something that Bob could not place, but something that nonetheless worried him. He quickly put it away, this fraction of discomfort, this pinprick of worry, for Jim Fisher was the most moral of men. Bob had never known him to lie.

2

INDEED THERE WERE RADIOS—three of them.

On the afternoon they sailed, Jim summoned Bob from where he was studying the ocean maps and Linda from the cupboards where she was stacking canned goods, and he spoke enthusiastically about the communications shelf that he had erected at the forward end of the main hull.

The first and simplest radio was a receiver, nothing more. Its value was in picking up marine broadcasts, Greenwich time, and small craft warnings from coastal weather stations. Moreover, it could receive regular commercial radio broadcasts from coastal towns, serving as a kind of approximate navigational aid. When the *Triton* neared Portland, for example, that city's radio stations would come in clear, and then fade away as the boat moved farther down the coast.

As the men talked, Linda moved back to the icebox where she had left an unfinished job—coating four dozen eggs with Vaseline to prolong their freshness. It was a tip she had picked up from a camping guide, one of several books she had read in preparation for the voyage. Her hope was that the radios were a little more modern than the icebox. For it was just that, the old-fashioned kind that required a large chunk of ice and would not keep perishables cool more than a few days. As she moved a large bag of Washington State cherries over to make room for the eggs, a burst of rock music suddenly erupted from the receiver. Linda turned in delight.

But Jim, wincing, quickly turned off the radio. He had proved that it worked well, and that kind of music was offensive to his taste.

The second system, explained Jim, was the ship-to-shore.

Bob interrupted. "But that's only good for a maximum twenty-five miles out."

"Forty tops," disagreed Jim. The course set by the two men would take the *Triton* into commercial shipping lanes, sometimes as far as one hundred miles offshore. The ship-to-shore radio would be useless that far out at sea. But even with its limited range, insisted Jim, the ship-to-shore would be useful for, say, entering the harbor of Los Angeles ten days hence. The journey was to be divided into three parts of approximately a thousand sea miles each: Tacoma to Los Angeles, from there to an unspecified stop in Mexico, perhaps Puerto Vallarta or Acapulco, and the final leg into Costa Rica. Because Jim estimated the *Triton* could average one hundred miles a day, each segment was budgeted at ten days. Bob and

Linda were allowing themselves a total of fifty days, the extra time to accommodate delays from errant winds or for sightseeing in Central America. Whatever, both had to be back in Washington by the end of August to resume their teaching.

Now Jim moved to the source of his pride—a new Hallicrafter ham radio in which he had invested almost $1,000. For weeks now, Bob had been hearing from his brother-in-law about the radio and about the examinations he was taking for the federal radio license required to send and receive both Morse code and voice messages.

With this one, said Jim, the *Triton* was in touch with the world. This was the insurance policy. If any trouble arose, help could be summoned in a matter of minutes. "And I don't think we'll ever be more than an hour's reach by plane from shore anyway," he said.

To keep their respective families informed of their progress and well-being, Jim had established a radio liaison with a teaching colleague in Auburn who held a ham license. Each morning sharp at seven, as the plan went, Jim would reach his friend, whose name was Wes Parker, and report the *Triton*'s position, the weather being encountered, and any news they wished to pass on. And every Friday morning Bob and Linda were to talk to their families via telephone patches established by Wes Parker. This weekly link was especially important to Linda's mother, Hisako Elliott, an emotional Japanese lady who had been opposed to the journey from the first time it was mentioned.

Hisako had sharply questioned her daughter about Jim and Bob's sailing experience.

"Mother, please," said Linda. "Trust me. Bob's an expert sailor. He's been sailing for seven years." Once again she recited Bob's credentials: skippering a sixteen-foot sailboat on the Columbia River with its tricky currents, pleasure sailing on Puget Sound, a summer of racing out of Marina Del Rey on a twenty-five-foot Cal.

"That means he has experience with inland waters, rivers, and ocean," said Linda.

Unsatisfied with the answer, Hisako wept and implored her daughter not to go. "Has he been out in the middle of the ocean?" she demanded. "Tell me that. And who is this Jim Fisher? What do you know about him?"

Linda sighed and closed the subject. She was an adult, capable of making her own decisions. She would do what she and her husband wanted to do. But she urged her sister, Judy, not to raise the topic of the summer cruise, lest she unleash her mother's copious tears.

Now, finished with the eggs and watching silently as the men examined the radios, Linda thought about asking permission to call her mother—just to prove that communication lines were open. But the men were so absorbed in their study that Linda put away the idea and set about preparing supper. On this first night out, she would serve fresh salmon steaks pan-broiled in butter, green peas, a plain salad with vinegar, and root beer. No wine or alcohol was on board in deference to Jim's rigid abstinence. If he knew, he would probably even frown on the tea that Linda had smuggled into the provisions.

The men decided to take four-hour shifts at the cockpit, which had to be manned twenty-four hours a day. After dinner, Bob took the evening shift from 9 P.M. to

1 A.M., and Jim sat on a bench to read his Bible, one of four he had brought with him. Linda put away the dishes and checked the provisions one more time. The *Triton* would make a stop on the third day, at a village port called Quinella, just before she left the Sound and entered the Pacific. There Linda could pick up fresh vegetables and any last-minute necessities.

The food was Linda's chief responsibility. The cupboards that lined the main hull were crowded with supplies to last fifty days. Always a meticulous researcher and planner, Linda had drawn up menus for seven days in advance. Her husband had long since stopped marveling at her organization and took it for granted. Even though her debut as a first-grade teacher was two months away, Linda had already planned the entire year's curriculum. Her lectures were rehearsed, her charts prepared, her music chosen, her illustrations clipped out and ready to show the youngsters. She had read up on Costa Rica so exhaustively that she could probably give guided tours to the natives. But this was her way. Very much the efficient, liberated woman, she ran all parts of her life with grace and skill.

Because she had no desire to spend the hours required to prepare three full meals a day on the *Triton,* Linda shrewdly pointed out to the men that they all should eat lightly. There would be little opportunity for exercise, save sitting at the wheel or sunbathing, and all should watch their calories. And they would save money, as well. Jim and Bob instantly agreed: two meals only—breakfast and dinner. They would skip lunch. Nor would there be opportunity for leisurely dinners in which the three could linger into the night with conversation. One person always had to be at the wheel. Leisurely dinners held no appeal for Jim, anyway, since he was not comfortable with idle talk. He preferred to spend his free time reading his Bible or the Adventist literature that filled his satchel.

Linda was weary now and ready for bed, but she took out her own shopping list to make red checks beside what she had purchased and stored: freeze-dried peas, potatoes, beans, rice, macaroni, vegetable-substitute frankfurters and meat patties (Jim liked these, but Bob made gagging noises when they were set before him), canned vegetables, soups, luncheon meats, soda pop, fruit juices, the four dozen eggs, cheese, fresh fruit, and meat for everybody but Jim. If the winds cooperated, reasoned Linda, the eggs and cheese and fruits and meat would last in the medieval icebox almost to Los Angeles, where they could be replenished. In another cabinet she counted powdered milk, Kool-Aid, cookies, spices, and five pounds each of red licorice rope and jelly beans. So much for dieting! These were Bob's indulgence. Not only did he like candy, he felt it would be helpful in his vow to stop smoking. With ceremony he had flung away his last pack of Camels just before departure. Jim had looked askance at the sweets—his budget did not permit such extravagances—but Bob had explained briskly that he had picked them up at a ski resort's end-of-season bargain sale.

Finishing the inventory, Linda moved to the compartment where she and Bob slept; behind curtains drawn to separate the double bed from the main hull. Suddenly a wave of dizziness swept across her. She put her head in her hands for a moment and swallowed a rise of nausea. I can't be seasick already! she told herself. The first night out! And the Sound is like glass. There's not even enough wind to make the boat go without the motor. Shaking her head stubbornly, denying the possibility of illness, Linda reached for a glass to fill with water. She remembered Bob's admonition to use the water sparingly and filled it only halfway. Quickly she drank. She felt better immediately. If the nausea returned, the idea of which she refused to permit, she would open a can of soda pop and spare the water. There were only sixty gallons on board for all their needs—twenty in each of the two outriggers, and another twenty in the main tank.

She looked at Jim anxiously—she did not want her discomfort known. But he was intent on his Bible, his back to her. "I'm turning in," she said. Jim looked around and smiled. He was a pleasant-looking man, but the sunny face was somehow vacant, as if he were a figure in a coloring book with the lines there and the character left to be filled in. Although Linda did not understand her brother-in-law's way of life or his religious passion, she admired his gentleness.

"Sleep well," said Jim.

"I will, if you'll keep the waves soft." Linda put on her nightgown and climbed into the double bed. After a time, she heard Jim go to his bed on the other side of the main hull and draw his drapes. He would rest for a while before relieving Bob for the 1 A.M. to 5 A.M. shift.

An hour after midnight, Bob turned the wheel over to Jim and hurried down to Linda. He found her asleep, her copy of *Anna Karenina* open on her chest. This was to be her summer for Russian novels. Her place marker was the list of supplies to buy on Wednesday's brief stop in Quinella. Bob scanned the list, finding a few items he had dictated. "New wet suit, fishing lures, fresh meat, vegetables, kerosene, two life preserver seats, yarn for 'tell tales,' lipstick, chewing gum, deck of cards . . ."

Lifting the book gently from her chest, Bob undressed and slipped in beside his wife. He put the lightest of arms around her and pushed his head against her hair.

Linda came quickly to life and pulled Bob closer.

"I didn't mean to wake you," he said.

"I wasn't asleep," she lied. "I was just catnapping. Waiting for the sailor to come home from the sea."

Bob smiled. He kissed her tenderly. Each time he saw her face, her beauty refreshed him. If she did nothing but rise each day and let him look at her, that would be a positive contribution to the world, Bob thought. She was unique. He relished a photograph in Linda's family album, a picture showing her as a high school cheerleader. With a score of animated, vibrant teen-age girls squealing at the camera, the eye went instantly to Linda, to that curious blend of East and West, to that melange of the exotic and the wholesome. His family had written Bob off as a confirmed bachelor until, at the age of thirty-three, Linda had appeared on his mountain with her bindings on backwards.

Now he held her tightly and treasured the moment. "Jim and I just decided something," he said. "It's ridiculous to keep four-hour shifts because you can hardly get to sleep before it's time to get up."

Linda snuggled against his chest. "Not to mention other activities which can take up rest time," she said.

Bob smiled. "We'll get to that. Anyway, we've decided to take six-hour shifts from now on, and if you want to, you can take the wheel a couple of hours in the afternoon. Okay?"

Linda was happy at the news. During their preliminary meetings to plan the trip, she had kept insisting that she could steer the boat as well as they. She had certainly read more books on the subject.

She looked at her watch. "Does this six-hour thing start now?"

"Do you want it to?"

Her kiss, Bob decided, was a perfectly good answer.

3

SHORTLY AFTER MIDNIGHT Tuesday, Jim tried to ease his *Triton* into the Strait of Juan de Fuca, a notorious bottleneck that links Puget Sound with the Pacific Ocean. But sudden heavy winds from the west hurled the boat back. Treacherous currents swirled about her, thwarting Jim's attempt to tack. Wisely, he sailed to a secluded cove out of the wind's way and dropped anchor for the rest of the night.

The next morning Bob took over and, though the winds still behaved contrarily, guided the trimaran to the port of Quinella where the last-minute purchases were to be made. Linda hurried to the pay telephone and called her parents in Kelso, Washington. Her report was cheerful and hurried: weather warm and cloudy, the Sound fairly calm except for the winds of the night before, the *Triton* performing beautifully, everybody getting along well.

"Are you all right?" demanded Mrs. Elliott.

"I'm fine." Linda did not mention her minor bout with nausea.

"You can get off at Los Angeles. You know that, don't you?" said Mrs. Elliott. "If you don't like it, if you don't feel safe or good, then get off. Promise me you'll get off at Los Angeles."

"I won't promise that, Mother. If anything goes wrong, then I promise I'll get off."

Her mother's voice broke, tears beginning to fall at her end of the line. "I have a bad feeling about this trip, Linda. Why won't you listen to me?"

Annoyed, Linda made a rushed good-bye, reminding her mother that she would talk to her in two days—on Friday morning—via the radiophone patch. She hung up. Never had she heard her mother so worried before, so near hysteria, not even when she and Bob had disappeared inside Eastern Europe and Russia for a six-thousand-mile honeymoon trip in their VW camper.

The admonition hung over Linda as she prepared dinner—salmon again, Bob having caught three that afternoon in his free time. As she melted the butter to grill the fish, Linda had to drop her stirring spoon and run to the toilet and vomit. The attack lasted longer this time, five minutes, and did not completely go away until she went topside to take a steaming cup of Japanese tea to Bob at the wheel.

She found her husband bathed in the reflection of a spectacular northwest sun, aflame at the *Triton*'s prow. His face was somber, filled with such seriousness that Linda quickly forgot her illness and the worry that her mother had planted within her. She sat beside him, grateful for the brisk winds. She put her hand across the shadow of worry that cloaked her husband's face.

"Okay, skipper?" she asked.

Nodding, Bob pointed to the expanse before them. "That's the pond," he said. Respectfully, Linda looked at the Pacific, stretching forever beyond them, devouring the sun, melting the scarlet fire and spreading it evenly across the horizon. At that moment Bob was transfixed less by the beauty before him than by the serious challenge of their venture. The *Triton* was very small, and the sea was beyond imagination.

"What are you thinking about?" asked Linda.

"I guess I'm thinking about a line from 'The Rime of the Ancient Mariner,' " he answered in a voice so contained that Linda moved closer to hear him over the wind. "The one that goes, 'Alone, alone, all, all alone . . . alone on a wide, wide sea.' " He had only dreamed of the sea when first he learned those lines. A boy of twelve, working the hard earth of Montana on his father's tractor, Bob had read Coleridge and imagined the wind and the spray. The poetic fantasies evoked by the seascapes helped the farmer's child get through a dozen tedious hours a day dressing the soil for wheat.

Linda interrupted his reverie. "Did the Ancient Mariner eat?" she asked.

Bob smiled. "I imagine so. Else he wouldn't have gotten ancient."

"Then tell him dinner's ready in ten minutes." Linda disappeared through the hatch.

Pleased at the easy manner in which Linda could usually lift his mood, Bob began preparations for a southwesterly tack. With the newly brisk wind from the west hitting the boat abeam, the result—called a "reach" in sailing terminology—would provide great speed for the trimaran. If the winds held, and they were expected to at this place at this time of the year, the boat would fairly race to Los Angeles, chewing up the sea at better than a hundred miles per day.

But by the time Bob turned the wheel over to Jim, the winds abruptly eased, fell silent for half an hour, then, almost arrogantly, began anew, this time from the south. Once again they seemed to be challenging the *Triton,* forbidding her progress, shoving her defiantly back to where she had come.

On the fourth day, Thursday, July 5, as they sailed about seventy miles off the coast of Washington, the two men decided to test their respective skills. It was agreed between them that Bob was the better sailor, having a seat-of-the-pants feel for the *Triton,* how she handled, how she accepted and rejected winds, how she best contended against the currents. On the other hand, Jim was far more sophisticated with sextants and compasses and charts. They complemented one another well.

Therefore Jim plotted a test course that required Bob to tack east, then back west, then east again, and if the calculations were correct, the *Triton* should, by nightfall, be near a town called Astoria, at the mouth of the Columbia River on the border between Washington and Oregon. Most of the day, Bob ran the course, and at its designated end, both men were elated to see a Coast Guard lighthouse ship at the river, meaning that their navigational and sailing skills were less than a quarter of a mile off calculation.

"If you were a drinking man," cried Bob exuberantly, "this would call for a glass of champagne."

Jim's expression turned quickly serious. He would not tolerate even a jesting intrusion on the severe code that governed his life.

Linda was up early the next morning, anxious to prepare breakfast and get it out of the way so she could talk to her parents on the first Friday radiophone patch. She wanted to reassure her mother that the voyage was progressing beautifully, that she was in the hands of excellent sailors. All week long she had watched and listened as Jim tapped out his Morse code messages to Wes Parker, the liaison in Auburn. That Jim had never used voice transmission did not occur to her as unusual.

When Jim finished his cereal and a bunch of fresh cherries, he went directly to the radio shelf and began transmitting—in Morse code. Joining him, waiting tactfully for a moment when she could intrude, Linda watched his fingers dance lightly on the transmitter key. But Jim did not look up or acknowledge Linda.

In a few minutes he shut down the radio and looked at his watch. His shift was not due to begin until 9 A.M., more than an hour and a half away. But he made to climb the hatch.

Puzzled, Linda touched his arm and stopped him. "Aren't we going to call Wes and put in the phone patch? My parents are standing by."

Jim shook his head. "I've already talked to Wes," he said.

Now Linda was confused. She had heard no words, only the *rat-tat-tat* of the code. "But it's Friday," she persisted. She pointed to her watch. "It's all arranged."

"Well, it can't be done today," said Jim, hurrying topside.

Linda climbed after him. She followed him into the cockpit, where Bob was guiding the boat. He looked up, catching the concern on her face.

"Jim says we can't call our parents," said Linda.

"Why, Jim?" asked Bob. "Radio on the blink?"

Jim refused to answer, turning his face from the others and looking out to the morning sunlight sparkling on the swells. Clouds were moving in and before long the day would turn gray.

Bob pressed for a response. "Something wrong with the set, Jim?"

His face reddening, the face of a child forced to reveal a hidden truth, Jim slowly turned. For a time there were no sounds other than the waves slapping against the *Triton*'s blue hull, and the wind slicing through her. Finally he cleared his throat and, with difficulty, spoke.

"I don't have a license," he said bluntly.

Bob's mouth fell open. Jim was not a man for jokes. "But you said you did. You've been studying all spring. You said you'd passed the Morse code test and were about to get the voice transmission certificate."

"I *did* pass the Morse code test," said Jim in a voice strained and dry. "But I didn't get the certificate in time to leave. So I—I—borrowed someone else's number."

"What about the voice transmission license?" demanded Bob, disbelieving what he was hearing. In a minute Jim would surely laugh and reveal the charade that he and Linda had concocted for breakfast.

Jim shrugged. He pushed his fingers together like a child forms a church steeple, only he pushed them so hard that they drained of blood and turned green-white. There was to be no laughter.

"I know you've got a voice number," insisted Bob. "I heard you and Wes Parker using it the day we left, when you were checking out the radios."

Now Jim buried his face in his hands. He was close to tears. "I guess I just made up a Costa Rican number," he said, his voice hidden and muffled. "I'm sorry."

Linda was puzzled. She did not grasp what it all meant. "But you know how to use the radio," she said brightly. "Can't we call my folks anyway?"

"It's against the law," said Jim. "It's a federal crime. You could get two years in jail."

Taking his hands off the wheel, Bob rose in anger. "You know that was the condition," he said, "the *number one* condition for our coming on this cruise. You think I'd be out here risking my life—and Linda's life—if we didn't have a radio, and somebody who had a license to operate it? This isn't Lake Washington, for Pete's sake."

"I'm sorry, Bob. I really am sorry."

"Why didn't you tell us before?"

"I never said I had a license."

"You never said you *didn't* have one, either. Isn't there anything in that moral code of yours that prohibits lying by omission?" Bob was shouting now and not even the winds could carry the strength of his words away.

Linda touched her husband's arm, her sign for him to cool off.

But Bob would not have it. "You're nothing but a hypocrite," he cried, "a religious hypocrite! You and your no-smoking, no-drinking, no-dancing, no-movies, no-new-ideas, no-nothing way of life!"

Crying now, Jim bowed his head and worked his lips silently in prayer.

Bob would not tolerate a prayer. "You really think God listens to a liar? Why waste your time? If this is the kind of hypocrisy your church teaches, then I'm glad to be out of it. I only wonder why it took me so long!"

"Bob, please. I said I was sorry." Jim turned begging to Linda, imploring her to make the torrent of invective cease.

"Let's have a cup of tea," suggested Linda. Bob did not acknowledge the idea.

"I'll tell you one thing, Brother Jim," he said instead. "I don't belong to your church anymore. But I do believe in one thing. And that's in telling the truth. By your standards, I'm a lost soul. But I wouldn't do what you've just done. My code is more moral than yours!" Bob turned his attention back to the wheel, not really caring what the *Triton*'s position had become in in the moments she sailed unattended.

His condemnation so violated Jim's being that he was unable to marshal any articulate weapons of rebuttal. He tried instead to elaborate on his explanation. "I guess I thought that after we got outside the twelve-mile limit, then we'd be in international waters and the federal laws wouldn't apply," said Jim.

"That's crap and you know it. That's another lie, Jim. You know damn well the laws are international as applied to radio transmission. What were you going to do if we sprang a leak and started to sink? Gather us around the radio and pray?"

"Bob, please." Linda's voice was stern. She felt her husband had gone too far. Jim was in deep distress.

No one said anything for a time, an awkward time. They all watched the grayness settling over the day.

Then Jim began to plead. He urged Bob to put away his anger and stay on board the *Triton* until Los Angeles. There, if Bob still wanted, he and Linda could get off, and perhaps Jim could find a substitute crew to continue on to Costa Rica.

"If there was a port over there," said Bob, gesturing with an outflung arm in the direction of unseen land, "then I would take us there and we'd be off in about fifteen seconds."

Bob took a cup of Linda's tea and fell across the bed. He had finished his shift in the middle of the morning and wordlessly turned the wheel over to Jim. Now Linda sat beside him, not familiar with her husband in this troubled condition. The quarrel between the men, one-sided as it was, had raged for almost two hours. Above their heads, the winds were rising, punctuating the mood that had so suddenly settled over their voyage.

"I'll tell you what I think," said Bob, quieter now. "I think we should get off."

Linda giggled. "I don't think I can swim that far."

Bob smiled. She always had a way of turning down the flame under a boiling pot. "I mean," he said, "get off at the first possible port. We could probably make Coos Bay tomorrow."

"Can't we at least go as far as San Francisco?" asked Linda, making it sound somehow important.

Bob shook his head. "We have no business being out in the Pacific Ocean without a usable radio. It's insanity. Any sailor would tell you that."

"But how far is San Francisco? A few days maximum?"

"Are you being the Great Peacemaker, or is there some important, unknown reason for your wanting to go to San Francisco?"

Linda pursed her lips. She had a story to tell. "Have I ever mentioned the time when I was a little kid, first or second grade, and all the children were supposed to tell about places they had been and things they had seen?"

Bob shook his head.

"Well," she went on, "everybody's stories were so interesting, and I didn't have a place to compete with theirs —and you know how competitive I've always been—so I remembered seeing Disneyland on television, and I told the teacher I had just been to Disneyland. I had it all down, too, the way the castle looked, the rides I went on, the junk I ate, the cap with the mouse ears my daddy bought me. I guess I've always felt a little guilty over that big lie, especially since my teacher later complimented my mother on how well I told about my trip. So, I figure now that if we get off in San Francisco, I'll at least touch ground in California. Then maybe I can persuade you to go on to Los Angeles and I can visit the scene of my great imaginary triumph. And . . ."

Linda hesitated. Bob urged her on. "And what?"

"And Jim can probably pick up a new crew . . ."

"And everybody will live happily ever after."

As they laughed and touched one another with happiness, the *Triton* lurched in the sharpening new winds.

4

THE MORNING AFTER the quarrel was a Saturday, the Sabbath and most holy day of the week for Jim's religion. It was a day when he had hoped to enlist Bob and Linda for informal worship services, but now the two men were barely speaking, only when it was necessary to transfer information about the course and the wind. No joyous hymns would fill the *Triton* as Jim had imagined. Before departure, he and his wife—Bob's sister—had prayed together that the spiritual aura of the *Triton*'s missionary voyage to Costa Rica would somehow, someway bring Bob back to the church of his family.

Instead, Jim knelt alone in the cockpit during his shift and prayed, one hand on the wheel, the other grasping his Bible. He held it tightly against his forehead in an attitude of repentance. It was impossible not to mark the agony that Jim was suffering, and Bob felt an occasional nag of guilt over his outburst. But he still felt real bitterness toward Jim for the radio incident. Under no condition would he stay on the *Triton* after she reached San Francisco.

Below, Linda stayed in bed most of the day, feigning a headache, but in reality contending with nausea that would not go away. Only when Bob cried that dolphins were swimming near the *Triton* did all three young people come together, hanging over the side for a few minutes, enjoying watching the gracious creatures leap and spin and prance across the ship's path. Linda could stay for only a moment before hurrying back to bed.

The winds continued to rise, reaching eighteen knots on the indicator. Contrary winds, seemingly blowing at the *Triton* from all points on the compass, they confounded her progress. By sundown less than twenty miles had been made that day, a fifth of what had been charted.

At day's end, feeling better, Linda rose to cook dinner and turned on the kerosene burners. As the fumes rose, she grew dizzy again. Only then did she realize a contributing source to her discomfort—the stove. At that moment, Bob appeared in the cooking area and saw his wife's pale face and trembling hands.

"You've got more than a headache," he said. "Little seasick?"

Linda denied the idea with a shake of her head. "I just figured it out," she said. "It's this damned stove. I've been getting sick twice a day, morning and night, only I didn't want to mention it because I thought I was a bad sailor."

Bob reached for the skillet. "We won't be sailors much longer. I'll do the cooking. I'm a liberated man."

Linda embraced her husband, thanking him for his thoughtfulness, and sat down gratefully on the nearby bench. "I'm sorry it turned out this way," she said.

"I'm sorry, too. . . . I feel awkward, Jim and me splitting up this way—as enemies."

Linda thought for a moment. "I don't know him very well," she said.

Bob agreed. "Neither do I. And he's married to my sister. I don't think anybody really knows Jim, except maybe Wilma. He doesn't volunteer much about himself."

A decade prior, Bob had met his future brother-in-law at Walla Walla College. Bob taught history at the Adventist school, and Jim was majoring in German. Of German ancestry, he was the poster-perfect Aryan—hair the color of fresh wheat, piercing blue eyes, all forming into a sturdy, muscular youth of remarkable beauty, for that was the word to describe him then. He always looked foreign, remembered Bob. "When I first saw Jim on campus, I figured he was an exchange student," Bob told Linda. "He wore his hair a little long, before it was fashionable."

When Jim married Wilma Tininenko, Bob had had but brief conversations with his reticent new brother-in-law, for they had little in common save family ties. But, then, Bob had had scant contact with his large family for several years, they being sorrowful over his renunciation of their church, he in no mood to explain his position. Moreover, he felt they lacked the intellectual capacity to grasp his reasons. "Things were pretty cold there for a while between me and them," Bob had told Linda. "It was mutual freeze-out time. Not until I married you did things thaw."

Pouring vegetable oil into the skillet to fry the artificial burgers, Bob held his nose to indicate to Linda that he sympathized with her over the cooking odors.

"Jim is still the most religious man I know," said Bob, as the oil popped. He dropped the patties in and waited to turn them. "I just think he was so anxious to get to Costa Rica, so excited over finally becoming a missionary, that he cut a few corners. And now he's up there paying for it. He's going through the tortures of the damned."

Linda looked pensive. "I think," she said softly, "that you ought to let up on him."

"I will. One thing has come out of this, though—I believe he finally knows me. I think he may understand that it is possible, after all, to have principles without having an Adventist preacher pound them in every Saturday morning."

The vegeburgers were tasteless, and the accompanying soda pop did not improve the menu. Both Bob and Linda agreed that their first night in San Francisco they would find an outrageously expensive steak and a bottle of red wine to match, and to the devil with those who considered it sinful.

The weather bureaus that watch the sea off the western coast of the United States report that the summer months are normally benevolent to sailors. Gale force winds (by definition, from thirty-four to forty-seven miles an hour) occur only one per cent of the time from late June until early September. But this is a class statistic, scooping up tens of thousands of square miles of the Pacific Ocean. It does not accommodate those freak storms that rear up seemingly out of the depths and shriek their furies for several hours, then vanish before an observation can be made—unless a boat has the grave misfortune to be ensnared by one.

During the first few days of July 1973, a series of weather fronts advanced across the North Pacific, edging slowly onshore at British Columbia and the State of Washington, but losing punch as they dropped downward toward California. By July 6, the day that Jim made his revelation about the radio, the summer storm seemed to be disintegrating, according to observations made by the National Oceanic and Atmospheric Administration Office in Redwood City, California.

But on July 10, the storm was reborn, smearing the seascape a scowling gray, creating winds that reached nearly thirty miles an hour, commanding the waves to twelve-foot swells.

At mid-afternoon the day of the renewed storm, Jim took a reading with his sextant and estimated that the *Triton* was about forty miles off the coast of northern California, near a place called Cape Mendocino.

"How far is that from San Francisco?" asked Linda, whose nausea had returned despite abstinence from the stove. Her face was as uneasy and turbulent as the sea.

"About a hundred thirty miles above, I think," said Jim. "We should get there tomorrow."

"I thought you said we'd be there yesterday."

"Blame it on the winds," said Jim, almost apologetically.

An hour later, near 5 P.M., the receiver picked up a small craft warning issued from Eureka, predicting winds gusting to twenty miles an hour and six- to eight-foot seas. Jim hurried up to the cockpit to inform Bob, who was at that moment encountering weather far more dangerous than that being predicted. Both men agreed to prepare the *Triton* for a storm, and at the same time make all due speed for Eureka.

Quickly they dressed the boat for foul weather, dropping the mainsail around the boom, stowing the jib, raising a smaller storm jib, dropping anchor with one hundred yards of line from the stern, rigging two drag anchors out of five-gallon water pails and attaching each to three hundred yards of line. These drag anchors, lashed to the outriggers, would slow the boat if the winds hit hard. It was Bob's intention to go downwind rather than tack, hoping the *Triton* could ride the waves like a roller coaster.

During the preparation, Jim made directional readings and frowned. The *Triton* had made but five miles toward shore in more than three hours. Jim relieved Bob at the helm a little after 5 P.M.

As Bob dressed to take the shift at 9 P.M., Linda lay on the bed with apprehension apparent in her eyes. Even at that moment the winds slamming into the *Triton* caused it to roll and pitch with stomach-wrenching violence. "How much longer?" she asked, trying to put strength in a voice that wobbled.

Bob put his arms around her. "I'll probably be up there most of the night," he said. "At least until things quiet down a little. I think I can handle her better than Jim."

Linda tried to smile. "If Jim has any influence with the man upstairs, I wish he'd make the boat stop doing this." She held on to Bob tightly, reluctant to let him go.

"I imagine he's already been asking just that." Bob pulled on two pairs of jeans, two shirts, a ski parka, his wet suit and hat, and a bright orange life jacket, making him appear almost as round as he was tall.

When he relieved Jim at the wheel, the night sky was oddly clearing, with a nearly full moon in teasing contrast to the rising winds that screamed about him. Jim pointed to the wind indicator. The needle hovered near 30 mph, with gusting up to 35 mph, just short of gale force.

"I'll stay on until this thing dies down a little," yelled Bob above the wind. He tied himself into the safety harness. "Get some rest and relieve me tomorrow morning."

Jim looked surprised. He was holding on to a steel bar and his face streamed salt water from the waves that smashed into the cockpit. "Can you take her that long?" he cried, though Bob was but a foot away.

"Just stay near the radios in case we need help."

Nodding, Jim made his way down the hatch steps. Bob screamed after him, "And if I holler like this, come running! Hear?"

At ten past nine, the wind indicator needle jumped to an astonishing 60 mph, and the waves became mountains.

Quickly Bob determined there were two wave systems spawned by the freak storm. The lesser, from the northwest, rolled forty-foot swells against the trimaran, Bob estimating their height at more than twice the eighteen-foot width of the boat as she climbed their sides. The greater system, directly from the north, hurled waves up to fifty feet—as tall as a six-story building, with a vicious fifteen-foot chop of churning white water frosting. Acting in concert, the two wave systems squeezed the *Triton* in a crushing vise.

It became Bob's plan to ride first the forty-foot swell from the northwest, then turn and try to ascend the fifty-foot swell from the north. The principal peril to this course was the enormous greater wave, exploding with its violent white water chop, smashing the *Triton* and drenching her with the angry froth. Each time Bob encountered one of the great waves, the cockpit filled to his chest, the churning water almost becoming a living monster, draining out in great sucking, whooshing noises, then returning in moments and swirling like flood tide about the wheel.

But the *Triton* held. Shuddering, making humanesque groans and cries as she fought the storm, the now tiny speck on the canvas of the tempest fairly flew. Bob had never felt a sailboat go so fast, rocketing on the winds across suddenly created lakes of foam, lakes a thousand yards across that were born and lived and died in seconds, over and over again in a pageant that seemed to have no end.

But within an hour, the storm eased fractionally, the wind indicator steadying at near 40 mph, frightening under normal conditions, somehow a blessing after what had already passed. The *Triton* still burst downwind, and, to Bob's anguish, progressed farther and farther away from land. By midnight, his calculated guess was that the boat was at least ten miles further out into the Pacific than when the storm had begun, although he had no idea at all how far south the *Triton* had gone. The distance water log had became tangled and useless in the drag anchor lines, but without the lines Bob would have had no control at all. He would have been driving a truck down a mountain road with no brakes.

All night long the storm shrieked, the waves pounding, the white caps chopping and spewing and settling into great patches of foam that became objects of hypnotic beauty. As long as Bob held the *Triton* to a compass reading between 165 degrees true, and 185 true, as long as he stayed within that slender 20-degree variation, the *Triton* seemed capable of riding out the weather. Often during the long night, Bob blessed Jim's craftsmanship and the strong boat he had built with his own hands.

Once during the night Linda crept feebly to the hatch steps and started to cry out to her husband and ask if he needed her. But she heard him singing, bellowing against the wind an old song, "The Green Door," and she knew that if he could sing, then both he and the *Triton* were healthy. Jim passed the early night hours sitting at the radio shelf, straining to pick up weather reports, receiving instead only static or an occasional maddening fragment of dance music. Most of the time he kept his head buried in his hands, not in sleep, but in prayer. He felt that he had unleashed God's wrath with his radio lie, that the storm was his punishment. It was the most terrifying night of his life, for he was not prepared to die with a sin staining his soul.

Near dawn, as the skies lightened from black to mauve, with streaks of dark gold on the horizon like ribbons on the package of a new day, Bob felt the waves would ease. Instead, he witnessed the birth of a new terror—massive whirlpools on the port side, whirlpools a hundred feet across. Now it was Bob's fear that the *Triton* would be lured into one of these gaping holes as terrible as the mouth of a volcano, that she would be pulled into the depths of the sea and splintered. He dared not take his eye off the compass for an instant, for if it slipped below 165, there was the danger of broaching. That calamity can happen when a boat turns sideways to high winds and the main wave. If the *Triton* broached, she would surely capsize, as trimarans have a tendency to do, and be sucked into an eternal whirlpool.

Below, after a marathon of praying and repentance, Jim turned on his radio again at 7 A.M., and, waiting for it to warm up, argued silently with himself. For more than ten hours he had endured God's punishment, and now it was time for him to take the helm. Would he have the strength to bear the winds, as Bob had done so well? He had confidence in the seaworthiness of his boat, but was he interfering with God's will by challenging the storm? Perhaps God had a plan for the *Triton*. Perhaps it was futile for him to interfere.

On the other hand, Jim reasoned, he held responsibility toward his passengers, Bob and Linda. Bound by friendship and kinship, he must get them to safe harbor. Help and rescue were but a few miles away, toward the east, at any of a number of California ports. It would be simple to call the Coast Guard for assistance. But if he did, how would he explain his fraudulent use of the radio and his fictitious call letters?

His fingers reached for the knobs to begin vocal transmission, but they failed him. He could not face the disgrace of conviction, of answering to a crime whose penalty could be two years in prison and a fine of $10,000. God's work in Costa Rica was more important than that risk. The storm would surely die soon. The best thing, he decided, was to alert his friend in Auburn that they had encountered a storm, but that the *Triton* had bested it.

Quickly Jim tapped out his identification to Wes Parker in Auburn. In code, Jim reported that there had been high seas and winds, but that they were subsiding. Twice he repeated, "We are OK." Signing off abruptly, he made no requests for Parker to pass on messages of assurance to his wife or to Bob and Linda's people.

A noise behind Jim made him turn. Linda, still in her nightclothes, very ill, stumbled to the hatch steps to see if Bob needed his thermos jug filled with hot tea. At that moment, another giant wave slapped the *Triton,* and Linda grabbed a beam to keep from pitching forward onto the wet floor. She stayed there for a moment, as if glued to the board, her slim body shaking in sickness and fear.

Abruptly Jim turned back to the radio and prepared to find help. Setting the indicator on the 40 meter band, he began announcing his fictitious call letters, T12JF, interspersing with the triple break. In amateur radio, a triple break means emergency. The first receiver to pick up his plea was so faint, so far away that Jim could barely hear. Later he would tell Bob he thought he had reached Guam, an unlikely possibility considering the inexpensive antenna, hardly more effective than a car radio whiplash. But within ten minutes, response was heard from a seventy-two-year-old ham operator named N. C. De-Wolfe, who lived in San Carlos, California, twenty-five miles south of San Francisco. While making his morning broadcast and chatting idly with fellow hams, DeWolfe heard a faint voice, fading in and out weakly, crying "Break! Break! Break!" Immediately DeWolfe terminated his other conversations and answered the distress call.

Transmission was so weak that DeWolfe could barely hear, but he was able to determine that the caller was aboard a ship, was requesting a telephone patch to the nearest Coast Guard office. "Stand by," shouted De-Wolfe, quickly finding his telephone book and looking up the number for Search and Rescue in South San Francisco. Accomplishing the patch, DeWolfe monitored anxiously as the conversation from sea to the Coast Guard took place.

Jim gave his name, the identity of his boat, his destination of Los Angeles (he did not mention Eureka or San Francisco), and said the *Triton* carried a crew of three. High winds and waves were being encountered, he said, but the storm was easing. He estimated the *Triton* was seventy-five miles southwest of Cape Mendocino. The duty officer at the Coast Guard said, "Do you need assistance?" Jim replied, "Negative. Do not need assistance at this moment. . . . We are becalmed." Then, after a few moments of crackling, suspenseful silence, transmission went dead.

Now N. C. DeWolfe happened to be a most thorough man, and he could not let a mystery like that go unpursued. Never in fifty years of ham radio had he picked up an emergency call, heard someone in distress somewhere on the sea ask to be linked to the Coast Guard, then listened while the caller contended that, after all, he needed no assistance.

It's crazy, thought DeWolfe. Immediately he notified WESCARS, an emergency network of California amateur radio operators who are on constant standby to be used in case of disasters. DeWolfe told of the strange call from the *Triton* and advised his fellow hams to be alert for another distress message. In the meantime, DeWolfe kept his radio on the same channel and tried to raise the *Triton* through the call letters Jim had used. All morning long DeWolfe broadcast Jim's name, his letters, his boat. But he was unable to elicit a sound from her.

A few minutes before nine that morning, Jim climbed to the cockpit to relieve Bob, now exhausted to the point of numbness, his hands long since a part of the wheel. But his face showed unconcealed pride at having held the boat throughout the night.

He had been on the radio, Jim said, looking out in wonder at the sea, still mountainous about them, still churning with white anger, still spawning the sucking whirlpools. The wind gauge was below 30, but the waves seemed higher than Jim had imagined them.

Over the winds, Bob cried, "We may need some help! It doesn't seem to be slacking any. For a while, about six this morning, I thought it was calming, but she kicked up again and now it's just as bad as last night." In exclamation, a wave crashed, sending showers from the sea into the cockpit. Both men were drenched to their waists. "Who did you call?" yelled Bob.

"I think I got Guam the first time," said Jim. "Then I talked to Wes Parker. I told him we were in a storm, but that we didn't need any help right now. Then I reached a man named DeWolfe in San Carlos and he phone-patched me to the Coast Guard."

"What'd you tell the Coast Guard?" Bob's strength was suddenly leaving him, now that he was ready to turn the wheel over to Jim. He wondered if he could unpry his hands, if he had the stamina to fall down the steps and into his bed.

"About the same."

"Did you ask for help?"

Jim evaded the question. He seemed unready to answer.

"So what happened, Jim?" pressed Bob. "What'd the Coast Guard say?"

After a time came Jim's reply, a soft and hollow one, as if he had found it with difficulty, as if the words were located in a forbidden, even sinful place. And the winds roared about his words, so that they were delivered in a cacophony. Later, Bob would wonder if he had heard them correctly. "They said they'd probably have a plane out sometime today," said Jim. "But I told them that no assistance was needed."

Bob stared at Jim incredulously. "You don't think we need any help? You realize how long this has been going on?"

Jim nodded, chewing on his lip.

Bob felt anger growing.

"Jim, this is serious. I've fought this boat all night long. I'm beat. I can't hold her any longer. I think you'd better call the Coast Guard and get some help out here."

"I can't."

"What do you mean, you can't?"

"The battery's low. It won't work the radio."

Bob slammed his clenched fist against the railing of the cockpit. "Then start the motor and recharge the battery. Dammit, Jim, move!"

Jim shook his head helplessly. "The battery's too low to start the motor. We'll have to wait. Maybe later this morning." Now the color was gone from Jim's face, and his voice seemed curiously separate from his body. Bob wondered if Jim really understood the severity of the situation.

"I've got to get some rest, Jim. Do you think you can take her for a while? I'll come back as soon as I can."

Jim nodded. Carefully, twice, Bob explained the dual wave systems still at war with the *Triton*. He showed Jim how vital it was to keep the compass reading between 165 and 185. "If she falls below 165, we'll broach. Do you understand that, Jim?" Bob fairly screamed the warning at Jim's soaked face, inches away, but the winds grabbed his words and swallowed them.

"She's mine," said Jim. "I built her. I understand her."

"Then take her! I'm about to pass out!"

Without stripping off the bulk of his wet clothes, Bob fell down the steps and through the curtains and into the bunk, burying his face in the pillow, throwing an arm about Linda and drawing her to him. For a few moments he was silent, then he turned and saw her face, and as he gripped her as tightly as he could, he broke down and wept, tears falling on his cheeks. Linda understood what he had gone through and why his tears were necessary. She was proud of him, and between the sobs, she tried to gentle him.

"I'm glad we're getting off in San Francisco," she said, "I've had it with sailboats."

"It was the worst thing I ever went through," said Bob, his voice unsteady. "Just the physical torture, not letting up, knowing that at any moment the thing could flip."

"I know. I'm just glad you were there instead of Jim. He had a hard night, too. He spent the whole time praying."

At that moment, 9:05 A.M., the *Triton* broached for the first time.

Only five minutes after taking the wheel of his boat, Jim let the compass reading slip below 165, and the boat turned sideways against a giant wave, a force that slapped it broadside and sent a rending shudder across its timbers. Leaping out of the bunk, Bob ran to the hatch steps and cried, "Jim, watch it! Don't let her broach again. We lucked out that time!"

By the time Bob got back to bed, the *Triton* broached a second time. Another sickening scream of uncountable tons of water crashing against one ton of frail sailboat. Bob started to rise in fear and worry. "I've got to go back up there," he said. "I don't think Jim can handle her."

"But you've got to have some sleep—" began Linda. She was not allowed to finish her sentence.

At 9:18 A.M., this time with no sound, nothing but an

eerie silence, the *Triton* broached for the third and last time.

The wave snatched her, squeezed her in its power, and flipped the *Triton* completely over. In the cockpit, Jim was hurled out and down and into the violent sea. And below, Bob and Linda were thrown out of their bunk, onto a floor that had seconds before been the ceiling. The seawater rushed in and over their upside-down world, quickly filling the doomed trimaran.

5

IN THE FEW MOMENTS it took to accommodate to the disaster, Bob watched helplessly as the water poured into the *Triton*'s innards. Linda backed into a corner, holding out her hands as if she could forbid the water to reach or touch her. Then Bob collected his senses and dived for his wife. In an almost fluid action he ripped off her pajama bottoms, found a pair of jeans, stuffed her into them, found a sweat shirt, pulled it over her head, crammed her into a life jacket, found a rope, lashed her to him, and began swimming for an exit.

"Take a big breath," he ordered. Linda gulped air and held her nose. They plunged down into the shockingly cold water. Finding the central hatch door ajar, Bob shoved with his hands and it broke off easily. They swam through the hole, plunging further into the depths to avoid the broken pieces of mast and railing. They swam for what seemed an eternity, probably thirty seconds, their lungs aching and bursting, until Bob felt they were clear of the *Triton* and able to surface.

When they came up, the *Triton* was an arm's length away, helpless as a dead whale, only the hump visible above the water, with two smaller whales—the outriggers—in escort. Bob grabbed the slippery boards and pulled Linda and himself onto what had been the *Triton*'s cerulean bottom, now the only part not claimed by the sea. Everything else—mast, sails, cockpit, sleeping quarters, cupboards, supplies, clothing, charts, barometer, chronometer, radar reflectors—all were under water. The exposed bottom was slimy, hard to hold, but sheer will kept Bob sprawled on the surface, Linda digging her hands into his shoulders.

Only when the shock began to wear away, perhaps a few seconds, perhaps five minutes, did Bob remember that Jim had been at the wheel at the moment of capsizing.

Both began to call for Jim. Linda spotted him, swimming frantically toward the upturned hull.

Disappearing from sight as the great waves washed over him, Jim fought his way along the safety line that bound him to the cockpit. Now it was his umbilical cord. Choking, flopping at last onto the overturned boat, he collapsed, slipping back toward the water until Bob pushed out a leg near enough for him to grab.

But none of them could last here long, no more than a man could dangle indefinitely by his fingertips from the roof of a building. Their hands were cold, their fingers numbing, and soon they would lose their grip. Desperately, Bob looked about for a better place. At the stern, the steel railings of the cockpit were visible, not totally submerged. "Over there!" Bob shouted. He began to inch his way, Linda still lashed to him. In the journey of ten feet, the ropes trailing from each of them became entangled, and Bob saw that he would have to duck into the water and under the railing, else his line would snag and deny him refuge. He could not bear the idea of going under again, so he felt for his knife to cut the line. But while he sawed, the knife fell from his slippery hands to his knee. He reached for it, missed, and the knife tumbled to the bottom of the ocean. Cursing, he watched it vanish. A Swiss knife, with numerous tools and gadgets, by day's end it would have been priceless.

The waves had ebbed to ten-foot swells that came rolling over them with punishing regularity, floggers with merciless whips. There was no discussion about trying to right the overturned boat. The two men knew that would be impossible without a block and tackle, a pulley, and the labor of several men in a still marina. Instead, the three survivors could only huddle together, half submerged in the still angry sea. Jim offered no apologies for his seamanship, but his face reflected his shame and his agony.

Linda was first to spot the debris floating away. She called out, whereupon they all saw the bright red bobbing corks attached to the fishing reels drifting away from them. After that came gasoline cans and clothing and boxes of food, a parade of flotsam.

"We won't need them anyway," said Jim. He looked at his watch, which still worked. It was almost 10 A.M.

"You're sure they're sending a plane?" asked Bob.

Jim nodded. But the nod lacked conviction, and though Bob wanted to pin him down, to wrestle the precise words of the Coast Guard from him, he feared to press the subject lest it shatter under examination. At that moment, more than steel railings were needed to cling to.

Until almost noon, they hung to the railings, their eyes turned to the skies, watching, waiting, listening for the sound of the plane.

Bob had held Linda so long that he did not realize her body was limp in his arms. Only when she began to jerk and twist, thrashing in convulsions totally out of his grasp, only then did Bob realize something terrible was happening to his wife. Within seconds, her face turned white, then the bluish white of dead winter, and her eyes rolled to the top of their sockets. She collapsed, falling against the rail like a marionette shorn of strings.

"Linda's out!" cried Bob, grabbing her and throwing her down onto the arching surface of the *Triton*. He flung his body over her, pressing his mouth to her, gulping the salt-flecked wind and blowing it into his wife's lifeless form. Linda's dead! he sobbed inwardly, furious at the irony of surviving the capsizing, cheating the cold sea, and now losing her so unexpectedly to classic shock.

But abruptly she gasped—her chest heaved, and tiny bubbles of air appeared on her lips. Linda's eyes burst open and stared wildly. She pushed Bob away from her as if he were a molesting stranger and tried to rise on the slippery incline. Standing uncertainly, as frail in the winds as a blossom, her eyes darkened. An odd mask of anger dropped across them. She flung out her hands in a don't-come-near-me attitude, the same she had used in their cabin in futile attempt to stop the sea from menacing her. And she began to scream.

"You're killing me!" she shrieked at both of the men watching helplessly beside her. Then she lashed out in fury at the master of the *Triton*. "Why are you trying to murder me, Jim? Why? *Why? Why?*"

Bob moved toward her, but she shoved him away. Her screams quieted into babble, a jumble of weeping, cursing pleas for her daddy, cries for a lost doll. "She's hallucinating," murmured Bob, while Jim edged backward in horror. Then she stopped and looked at the two men as if she had just been introduced—shyly, a moment of coquettishness. Then the screams commenced again—primitive, animal-like shrieks, like nothing Bob had ever heard.

"Please, baby, let me hold you," he said gently, trying to touch the shoulder where so often his head had rested. Linda recoiled in disgust, her shrieks intensifying.

"I know what you want," she shouted, "you want to kill us. I won't let you kill us."

"Us?" said Jim, puzzled.

But Bob understood. He looked at his young wife, he saw the way she pressed her hands against her stomach, and he knew, in an instant of revelation, that Linda was pregnant. They had not wanted children so early in their marriage; certainly pregnancy was an accident. Linda's seasickness and her revulsion at the kerosene fumes had been hints and clues, but he had been unwilling, or unable, to recognize them. Now, in the midst of a great storm, clinging to an overturned boat, her body cold and wet and shaking, her mind as turbulent as the sea, she unknowingly betrayed the secret. This time when Bob moved to her, trying to contain his own tears, she beat her fists against his chest. But he accepted her incoherent anger, locking himself forcibly about her for more than an hour, not caring about the screams that rained on his ears. Once, he tried to quiet her by placing a jelly bean from his pocket in her mouth, thinking its sweetness would distract her. But she seemed unfamiliar with food. The candy rolled about uneaten in her mouth, and Bob fished it out, afraid she would choke.

Finally, by mid-afternoon, when Bob realized that he could no longer hold her with his deadening arms, that he might lose her to the sea, he found more rope and tied her securely to the steel railing.

Thus did they endure the last hours of daylight that July 11, the woman on the edge of madness, the husband in the torture of helplessness, the zealot in the passion of prayer. By five, the winds eased, pacifying the sea to the extent that the waves no longer beat against them with the familiar shock. One last time Bob called out to Jim, as he had done so often this day, "Is the plane coming?"

But Jim, his trembling hands locked in prayer, did not respond. He either could not, or would not, answer.

"I'm so cold, Bob." Linda's voice was normal.

He turned and saw that she was free from whatever had been tormenting her. Her face was composed, her eyes no longer beat like newly caged birds.

"Poor baby, you blacked out on us," said Bob kindly.

"I don't remember a thing," said Linda. "What time is it?"

"A little after five," answered Jim, happy at her recovery, but quickly returning his eyes to the lusterless skies. There had not yet been a sign of the plane, no sound save that of the wind.

"I only remember us turning over, then swimming out. After that . . ." Linda shook her head in bewilderment.

"It's okay," said Bob. "I was holding you." Bob drew her inside his wet jacket, hoping it would block the wind's chill.

"Is the plane still coming?" asked Linda, suddenly full of questions.

Bob shrugged noncommittally. He knew there would be no plane today. Search missions did not waste time looking at the sea in twilight and darkness. But he did not say this, fearful of setting her off again. "I've been thinking," said Bob instead, "we'd better figure out some way to get through the night. If that storm comes up again, we'll have a hard time hanging on here."

He tapped his foot against the arching bottom of the *Triton,* riding but a foot or so above the waves. "What do you suppose it's like under here?" he said.

Jim looked down at where Bob was tapping. Before 9:18 this morning, it had been the floor of the main hull of his trimaran. Almost simultaneously the possibility occurred to the men that perhaps the hull was not completely filled with water. Maybe an air pocket existed, with room enough for them at least to get some shelter for the night. But the sea still felt shockingly cold and neither man had the will to plunge back in and swim underneath to explore the hull.

"Why couldn't we cut a hole?" said Jim, thinking out loud.

"Wouldn't we sink?" asked Linda. A good question.

Jim shook his head quickly. The *Triton* was well lined with flotation material. "She won't sink. If she's lasted this long, she won't sink."

The memory of the lost pocketknife came back to Bob and he cursed his clumsiness.

Seeing a piece of wood bobbing near the railing, Bob grabbed it and tried in vain to scratch through the bottom. As Jim watched, he had a sudden inspiration. He removed the metal buckle from his life jacket and pried it apart. With the patience of a condemned man sawing a prison bar, Jim pushed the buckle back and forth against the boat on which he had spent two years of his life. The most important business in his world at this moment was to chew a hole in its upturned bowels.

Within minutes, he had created a hole directly in the center of the overturned hull, an entrance large enough for him to widen with his hands, tearing his flesh as he worked and coloring the passage with drops of blood. But it was big enough to squeeze through and within seconds, from below, came his exultant shout, "Air! At least a foot and a half of air pocket! Come on down."

Wriggling his chunky body through first, Bob fell into cold black water up to his shoulders. He held up his arms to aid Linda into the darkness. For a moment all three stood uneasily in the upside-down cabin, their feet resting on what had been the ceiling of their living quarters. They could feel pieces of wood and other flotsam bump against them in the water. Now that they were sheltered, they were hungry and ready for sleep, but there was no time for anything but insuring survival. They could not stand in the water all night; who knew but it might rise and drown them. Failing that, they could die from the cold and the terrible wetness. The men sought for some way to raise themselves above the water line and stay there, hoping the air pocket would remain until morning.

Bob found a cupboard door floating near him and he carried it to the narrow end of the hull, where the sides came together in a V. There he wedged it in place, strong enough to support one person. He lifted Linda onto the platform, big enough for her to crouch in a fetal position, her face only inches from the boards above her. It seemed to her like a very small cave.

Then the men found smaller planks to wedge against the walls, jamming their bodies with backs against one wall, feet against the other. In this manner, they were able to keep the upper parts of their torsos out of the water. Something brushed against Bob and he reached down for it, almost fearfully. A can of root beer!

"Here's dinner," he said, pulling the snap tab and passing it around. Each drank carefully, holding the liquid in their mouths, savoring the taste, trying to wash away the taste of salt. When it was gone, and there was nothing left to do but listen to the waves, rising again, whooshing in and out of the chamber like the pressure noises of an iron lung, Jim asked if he could pray.

"I don't mind," said Bob, for he would take anything over the silence.

In the darkness, Jim closed his eyes and his voice rang out. "Dear Jesus," he prayed, "please hear me in our hour of need. I do not always understand Your ways and Your will, but I always accept them. I realize there is a reason for our trouble, and I hope we are fit to bear it. If You have it in Your design to rescue us, then we are ready. We want to be rescued, Jesus. . . ." He prayed on, asking blessings for his wife and children and the others' families, his voice continuing with that curious power. How, wondered Bob, did he still possess it after the ordeal of the last twenty-four hours?

When the prayer was done, Jim began singing, softly at first, "A Mighty Fortress Is Our God." But by the time he was finished, his voice ringing out in the resonant place, he no longer sang alone. Bob and Linda joined in, both surprised that they remembered the words. Then they all sang the "Doxology" and sang it a second time, for there was courage contained therein.

Later, when they said goodnight, when they began their attempts at sleep, sliding in and out of consciousness, each frightened at the blackness and the water that surrounded them, Linda screamed.

Instantly Bob came to, at first confusing her cry with the sound of a plane. But he called out comfort to her. She quieted. She slept only eight feet away from him, but he did not have the strength left to swim to her.

After midnight, Jim's board gave way and he fell into the water. But he was too weary to put it back. Standing in the sea for the rest of the dark hours, he shivered and dozed and talked to his God.

6

THE NEXT MORNING, a gray dawn that let only a dim light through the jagged hole into the watery quarters where the three had slept, Jim climbed out and looked for rescue. But neither God nor anyone else had dispatched aid during the night. Nothing but the sea met his searching eyes, a sea still menacing with eight-foot swells and frothy white chops.

Below, Bob called out to Linda in an attempt to cheer her, but she seemed remarkably chipper after her night on the plywood wedge. Half-walking, half-swimming, Bob worked his way to his wife and they embraced awkwardly. A little backache was her only complaint, she said, but not nearly so severe as the soreness after her first night camping out in a sleeping bag. "I love you," she said, "but you do get me to do the darndest things." They laughed and kissed.

Climbing down through the hole, Jim dropped into the water and joined them. "Anything?" asked Bob.

Jim shook his head in disappointment.

"Well, then, let's look around," suggested Bob, setting forth in a modest breast stroke. He was not an excellent swimmer.

"I've already checked out the radios," said Jim gloomily. "They're ruined." Because the communications equipment had been set up on a high shelf, the radios were now totally submerged, their innards soaked, corroded, and forever useless.

Both men began to move cautiously about the cabin, a space roughly twenty feet long and eight feet wide, all of it filled with seawater except the air pocket, which seemed to be constant, extending approximately eighteen inches from the water level to what was now the ceiling.

Jim felt a cupboard door with his feet, found it still shut, dived down quickly to open it. He came up with a prize—the *Triton*'s bag of tools. Taking them to Linda's bed, he placed them out to dry—a hammer, pliers, drill, saw, nails, bolts, and screws.

Elated, Jim took the saw and began smoothing out the edges of the jagged hole he had cut in the hull as exit to the outside world above them, making it some two feet square.

While he worked, Linda talked privately with Bob. Her question was one that Bob had considered most of the night—where were they? The night the storm broke, he remembered, the *Triton* had been approximately 40 miles off the coast of northern California, near Cape Mendocino. During the twelve hours he fought the storm, holding the compass reading at 165 or slightly above, the *Triton* had made little progress, probably no more than thirty miles south, perhaps fifteen miles farther west from shore. Calculating rapidly in his head, Bob made a guess. "I'd estimate—and it's just a guess—that we're about a hundred miles above San Francisco, maybe forty, fifty miles offshore," he said.

Linda absorbed the reading. "There'll be ships, won't there?" she wondered. "I mean, even if the plane doesn't come, ships pass through here all the time. We saw them constantly!" In the *Triton*'s nine days at sea before she turned over, more than a score of tankers and cargo ships had been in view. Only now, in their ordeal, were they suddenly alone.

"Linda," began Bob, carefully, haltingly, for he did not want to alarm her, "I don't think we should count on that Coast Guard plane. Jim is kind of vague about it. Maybe he heard them wrong. He was a little shell-shocked by the storm."

She nodded in agreement. Her courage satisfied him.

"So, I think we'd better spend today rigging up some way to live inside here, and conserve our energy the best we can. I feel sure somebody will pick us up soon. Wes Parker has probably sounded some sort of alarm. Jim told him yesterday we were in a storm, and when we don't check in with him today, he's bound to notify the authorities."

"They'll come," said Linda with confidence. "I mean, it's not like we're out in the *middle* of the ocean. I'll bet if it cleared up, we could probably see California."

Bob smiled, but he could not risk telling Linda what he

really believed, that the winds were shoving them farther and farther away from shore. The *Triton* could be more than fifty miles from land as they spoke. Besides, something else was on his mind.

"Honey, why didn't you tell me about the baby?" he asked gently.

Linda shrugged. "Because," she said coyly, "I was afraid you wouldn't want me to come."

"How long have you known?"

"Since around the end of May, first of June. I'm barely pregnant."

Quickly Bob began counting the months on his fingers. Linda stopped him. "February!" she said happily, concluding the subject.

Concern for Linda's condition, and the practical need for a place to get out of the water, gave Bob an idea. He had stood looking at the water-filled room and attempting to devise a way to keep three people permanently above the water line. Every few moments a wave would rush in through one open hatch and out the other, and the water level raised and dipped. Sometimes there was as much as three feet of air space, other times it narrowed to eighteen inches. But there always seemed to be that constant air pocket where the sea did not reach.

Bob rummaged among the tools Jim had found and pulled out the hand drill. Testing it, pleased that it still worked, Bob commenced to drill holes in one side of the hull, placing them six inches apart in a horizontal line. When he had drilled roughly twelve feet of holes on one side, he swam to a center beam and did the same. Then he took the ropes that had been used for the drag anchors during the storm and began weaving a latticework of the ropes, creating a hammock just above the water line. By working the half-inch-thick rope through the holes, back and forth, from the holes in the wall to the holes in the center brace, Bob rigged a sturdy perch, strong enough for them all.

But there remained a serious drawback. The ropes would cut into their bodies and make sleep troublesome, if not impossible. Something had to be found to soften the ropes. Bob snapped his fingers in inspiration! Ducking under the water and swimming through the curtained opening into what had been his and Linda's bedroom, surprising a school of hundreds of tiny silverfish in his way, Bob was happy to find their double mattress—upside down, water-logged, but, miraculously, still there.

All he would need to do now was throw a few boards down onto the rope platform, and atop them place the mattress, sawn into a pair of long, narrow strips. Jim's place on the ropes would be approximately five feet long and two feet wide. Bob and Linda would have to share a strip of mattress about six feet long and little more than a foot and a half wide. They would all lie in one long line along the twelve feet of rigging, but Bob left a few inches between the two mattresses as a sort of dividing line between Jim and the two of them.

Jim eyed the handiwork with a little skepticism. "Will that hold all three of us?" he asked.

"There's only one way to find out," said Bob, climbing onto his mattress, positioning Linda beside him. There was only room enough for them to lie facing one another in a lover's embrace. The rope groaned a little, but held.

When Jim got onto his bed, the platform sagged perilously toward the water, but it stopped just short of touching. The water-toughened ropes seemed dependable. Bob and Linda decided to stretch out with their feet pointed toward the stern. Jim's feet faced the other way —toward the bow—and their heads were almost touching. But because the two men did not have to face each other, except when it was desired, an imaginary frontier of privacy was established along the rope shelf.

An immediate surge of claustrophobia enveloped all three, their heads being but an inch or two from the ceiling, and the water lapping at their mattresses, but these conditions could be tolerated. Jim's head was positioned nearer the exit hole they had cut, and only he could catch full light and fresh air.

As Bob worked that day—constructing the platform beds took most of the daylight hours—Jim spent his time exploring the cabin, looking for food and supplies, like a man sadly rummaging through his flooded home while the water still filled it. The search became a kind of grim treasure hunt, a game that relieved the tension and the waiting. Taking deep breaths, submerging, feeling around the cupboards and shelves, Jim would burst out of the water sputtering, "Hey, a jar of peanut butter!" or, "Just what we needed, vanilla extract!" with each discovery, Linda applauded and cheered from her thin plywood perch, where she lay watching Bob create the rope beds. He had forbidden her to join the men in their watery work. Her task was to listen for the Coast Guard plane, although Bob now privately doubted if one would come.

Once, during the day, Bob noticed a gallon metal container of rice bobbing in the quarters, trapped against a corner. Happily he swam to fetch it, then threw it over to Jim to store along with the other food he had found. Jim had created a makeshift shelf at the end of what was becoming his bed. But less than a quarter of an hour later, Bob saw the same metal container float past him again, this time out of reach, sucked out of the boat by a departing wave. He grabbed at it, but missed.

"We just lost the rice, Jim!" he called out testily. "Where are you putting the stuff?"

Jim apologized, but Bob noted once more that curious hollowness to his words, not unlike the way he had spoken of the Coast Guard and the plane supposedly coming for them. For one absurd moment, Bob imagined that Jim *wanted* to lose the rice. But that idea was foolish and Bob dismissed it.

A few moments later, Bob spied two balls of Gouda cheese, retrieved them from the water, and tossed them to Jim. He caught them this time; Bob would remember later that Jim *definitely* caught the cheese balls. Presumably he stored them on his food shelf.

Just before dark, Bob made a major find—the water distillation kit. Before departure at Tacoma, Jim had purchased the kit at a marine store. He had demonstrated it to Bob and Linda, pointing out that the chances of using it were remote. Developed by the U. S. Navy, the kit was simple to operate. A large balloon could be inflated by mouth up to six feet across, set down on the sea, and tied to the boat. It made use of the sun to separate out the salt and produce fresh, drinkable water. The kit had no battery, and no parts had been damaged in the capsizing. It would be invaluable if rescue did not reach the *Triton* soon. The twenty-gallon supply of water in the main tank was now lost, and the forty gallons stored in the outriggers were probably washed out as well.

"Put this kit up in a safe place," said Bob sharply. "It's essential." Nodding, taking it, Jim looked at the kit strangely. As Bob returned to his drilling, Jim moved toward the supply shelf.

"Two cans of creamed corn, two cans of string beans, one jar peanut butter, one can of something with the label washed off, probably English peas . . ." Jim was reciting the inventory of food found that day. Almost dark, there was so little light inside their chamber that he had to hold the cans close to his eyes to read their contents. Rather than risk having the food washed off the shelf by a sudden high wave, Jim announced that he had burrowed a hole at the foot of his foam mattress, where the food would stay. No one had elected him captain of the food supply; he simply assumed responsibility for policing it. Neither Bob nor Linda complained. Jim was the skipper of the *Triton,* as long as there was a *Triton.*

"Let's see," Jim went on. "Five cans of sardines . . ." He grimaced; Jim detested sardines. "One can apple pie filling, one can chop suey mix, one jar vegetable oil, six packs presweetened Kool-Aid, four packets powdered milk, one pack chicken bouillon powder, one pack freeze-dried peas, one bag caramel candy chips, three packs vegeburgers, three cans vegelinks, and several miscellaneous spices."

Jim held up a handful of condiment bottles—salt, vanilla, peppermint extract, something called "Fruit Fresh."

"That's it?" asked Linda.

"That's the grocery store."

Bob frowned. "You didn't count the cheese balls. Two big balls of Gouda cheese."

Jim shook his head in denial. "There aren't any cheese balls."

"I threw them at you, Jim. I saw you catch them."

Again shaking his head, Jim said stubbornly, "Well, there aren't any cheese balls here. Maybe you imagined it."

Bob elected not to argue with Jim. Both were tired. Flaring tempers would help nothing. Perhaps the cheese would turn up later.

Then Linda remembered something. During the day she had spied a container of macaroni floating by her bed and she had fished it out of the water.

"You counted the macaroni, didn't you, Jim?" reminded Linda.

A blank look. "What macaroni?"

"Jim, don't act silly. I handed it to you."

"I never got any macaroni."

Shooting an insistent look at Bob, Linda waited for his support. But he denied her, discreetly shaking his head. Something odd was happening, but Bob still felt they could not afford a rupture.

Instead Bob watched carefully as Jim put away the

food. Making a rapid calculation, he estimated that roughly four pounds of usable food had been salvaged from the water. "Is that everything, Jim? You're sure? You didn't find anything else we might use?"

Jim pursed his lips in recollection. He thought of something. "Oh, I forgot. I did find that big can of jelly beans and licorice."

Bob brightened. "Fantastic! We can use the sugar for energy."

"But I threw them out."

Now so irritated that he raised his head suddenly and bumped it on the ceiling, Bob flared. "Well, why did you do that? That candy was mine. You had no right to throw it out. We may need every bit of food we can get. God knows when anybody's going to find us out here."

The nerve was at last exposed. Jim leveled somber eyes at his brother-in-law. "That's just it, Bob," he said. "God *does* know when we're going to be rescued."

"Don't start that on me, Jim. I want to know why you threw out my jelly beans."

"They were water-logged and stuck together. You wouldn't have wanted them."

"I would have wanted to make that decision myself."

As she had done before and would do again, Linda moved between the two men as buffer. She took a can of peas from Jim and looked about for something to open it with. "Now, about dinner, you guys," she began. But Jim was not listening to her. He cut across her words.

"I want us to understand one thing," he said. "This

isn't going to be some sort of endurance contest. This isn't going to be one of those men-against-the-sea stories. We're not going to set any records. It just isn't going to be that way."

Bob raised his eyebrows, fascinated. "All right, tell us, Jim. Just how is it going to be?"

"We'll be rescued when God is ready for us to be rescued," said Jim, his voice building with the fervor of prayer. "There's nothing we can do to bring on that moment. I don't see any need for us to make plans and ration food and lie around saving energy."

Exasperated, Bob made a fist and slapped his open palm. He swung his legs around and wished for a place he could move to, where he could count to ten and take deep breaths and release steam. He felt exactly as confounded as he had been so often in childhood, when he had questioned his Sabbath school teachers about the validity of Bible stories. How could God appear to Moses in the form of a burning bush, he had asked, but if God had, why didn't the bush burn up? He was a farmer's child and he could not conceive of fire that did not consume. The teacher had scolded him, rebuking him for questioning the Holy Book. The Bible is true, she had informed him. Every word of it. And children should not ask impertinent questions relating to God's word. Well, here I am again, thought Bob, butting my head into the same stone wall. And I will get no further with Jim than I did with that teacher.

He could not, however, let Jim's pronouncement hang in the air like a sermon from the mountaintop. Bob began his rebuttal softly, measuring his words, but he made sure that Jim both heard and understood.

"I don't agree with you, Jim," Bob said slowly. "I think we will be rescued. In fact, I feel sure we will be rescued. But until that happy moment, this isn't going to turn into some sort of religious, mystical experience for me and Linda. We have decided to conserve our energy, ration our food, and try our damndest to keep our spirits up. If you want, we can divide up the food three ways—right now, this very minute, and you can make a banquet out of yours and eat it all for dinner. But don't start asking us for handouts tomorrow if Jesus decides not to come."

Bob opened the can of peas with a screwdriver, and they split the contents three ways, carefully dividing the juice, which was their only liquid of the day. When dinner was over, the men turned to one more job that needed to be done before they could sleep. The hole over Jim's head was open to the sky and often waves would break across the *Triton,* sending a shower of salty spray onto the beds. Finding another piece of plywood cupboard door, the men measured and sawed it to fit the hole. But when the wood was wedged in place, their quarters became a pressure chamber and the sound of the sea a roar. It was impossible to bear. Bob then cut out a six-inch hole in the hole cover, enough to relieve the pressure and allow moonlight to enter—if the moon ever broke through the heavy overcast. Only a little water would now and then molest them.

After the goodnights were said, Jim prayed silently. He grieved that all four of the Bibles he had brought on the *Triton* were lost in the capsizing, but he was pleased to find his copy of *The Great Controversy,* an

Adventist book that traced the history of his denomination. A hundred times he had read its pages before, and now he held it to his chest in the darkness, drawing strength and comfort.

After a time, when all were still awake, stirring on the mattresses and trying to find a position that was not cold or wet or lumpy from the ropes, Jim pulled out a brightly painted Mexican harmonica he had found in the water that day. He tried to play. His skill was modest, and more squawks than melody came out. And when he attempted a hymn, "Faith of Our Fathers," neither Bob nor Linda joined, as they had the night before. Instead they listened to the misplayed notes, locked in each other's arms, their heads almost touching Jim's. Linda shivered and pressed her body tightly against Bob. He wondered how long she could survive.

Sometime during the hours after midnight, when the winds had risen again and the boat was victim to disquieting moans and creaks, Linda heard something that broke her restless sleep. She raised on her elbows and turned toward Jim's place. He was trying to get up. Where could he be going at this hour? Fascinated, she watched as Jim eased his way to the hole and pushed against the new wedge.

"Where are you going, Jim?" asked Linda in a whisper.

Jim did not respond, pushing against the board with sleep-heavy hands. Suddenly he spoke. "We're here!" he said excitedly. "Come on, Linda, get up! We're here!"

The call woke Bob and he thought momentarily that a ship had come for them. But then he realized that

Jim was caught in a dream and was trying to make it real.

"Lie back down, Jim," ordered Bob. "There's nothing there."

"We're here, Bob," insisted Jim. "We're in San Francisco Bay. Look at the lights of the city. They're beautiful. Oh, praise God! Thank you, Jesus."

Wriggling toward Jim, Bob peered out the tiny hole he had cut. Not even stars illumined the silent blackness.

"You're dreaming, Jim. Go back to sleep." Bob seized Jim's shoulders and shook him. Only then did he regain reality. Mumbling an apology, he dropped to his bed and fell asleep.

"What happened to him?" asked Linda.

"Hallucinating," said Bob. "We'll have to watch it, all of us."

Snuggling close again to her husband, Linda found sleep immediately. But within an hour she was awake, screaming, shrieking in hysteria that the *Triton* was disintegrating, that all would drown. Bob drew her into his arms and rocked her until the terror went away.

Perhaps if Linda had more room, Bob thought, she would sleep more tranquilly. Bob scooted down a few feet, curling himself into a ball. Now his wife could at least turn from one side to the other.

He stayed in that cramped position for almost an hour, enduring until the claustrophobia returned. The darkness, the creaking walls clammy to his touch, the chilling water that waited for his feet if they dangled too far off the end of the bed, all of these coalesced to frighten him. A scream building, he pushed past Linda and craned his neck to peer through the little hole in the cover that led to the world above their heads.

In that moment he could see the grayness of early dawn, prelude to another morning. He drew contentment from the thread of continuity. The night was almost over. Reassured, Bob eased back to the foot of the mattress. Whispering courage to himself, listening to the waves, waiting for the sun, he finally slept.

7

JIM OPENED A CAN of vegelinks on the third day of their existence inside the overturned sailboat, and began counting out the artificial frankfurters within. Nine. Three each, he said, as he handed a portion to Linda. Bob stopped him.

During the night of screams and hallucinations, Bob had come to the realization that if they were to survive, a framework for the hours must be erected. They could not function as individuals, each clinging desperately to life. Nor could they tolerate the imminent danger of a two-against-one situation arising, for Bob could foresee that he and his wife might easily become allied against Jim and his religious passion. Only through discipline and a marshaling of their supplies and energies could they hold out until rescue came.

"Before we eat, I want to say something," began Bob

carefully. He knew now that he must couch his remarks with both practicality and diplomacy, else he would bring the wall of God crashing down between them. And he must not, in deference to Linda, permit a note of depression to darken his ideas.

"We may be rescued today," Bob began, "and if not today, then tomorrow. And if we're not picked up this week, then I feel we will sooner or later drift into the coast of California." As best as he could determine, Bob went on, the winds of from ten to fifteen knots per hour had continued to blow rather dependably from the north and west, pushing them on a southeasterly course that would eventually lead to land.

"But," he continued, "these are not absolutes. These are not money-back guarantees. I would call them only very good probabilities. So . . . so I believe we've got to formulate a plan that will accomplish two things. Number one, conserve what little food and liquid we have, and number two, give us a daily schedule to fill the time and keep our minds occupied. And maybe make us tired enough so we can sleep better during the night."

Pausing to see what effect his notions were having, Bob saw that Linda was attentive. But Jim seemed uninterested. He wanted breakfast done with, so he could drop into the water beneath their beds and make further explorations. Moreover, this was Friday, eve of the Seventh Day Adventist Sabbath, and by nightfall he would cease all activity save prayer and meditation. Bob felt his back going up. How could he persuade a man who so fervently believed that he was but a player in a preordained drama, believed that nothing he did or did not do would alter the script of God? At this moment Jim was impatiently transferring the can of vegelinks back and forth between his hands.

"I feel," snapped Bob with sarcasm, "that what I'm saying might be important, Jim."

Linda moved quickly to build a bridge between the two men. Reaching over and placing her hand across the opened can of vegelinks was her indication that breakfast must wait until her husband had spoken.

"Come on, Jim," she said lightly, "you told me you were on a diet anyway. You promised Wilma you were going to lose twenty pounds on the cruise and be all skinny and handsome when she and the boys came down to Costa Rica."

Jim brightened. It was true. At almost 220 pounds, he was growing potty at the waist, and although his body was still strong and well developed, the excess weight made him look older than thirty. Jim laughed. "I didn't mean this kind of diet," he said.

Pleased with her successful arbitration, Linda gestured to Bob that he could continue.

"Okay," said Bob. "I figure we've got enough food to last us thirty days, but that means no more than a cup for each person per day." He took the can of vegelinks from Jim and fished one out, making his dislike of the artificial creations known. "This one rip-off frankfurter, for example, will be breakfast *and* dinner for me. Half now, half tonight. And no lunch. We never planned to eat lunch, anyway. When we finish these links, we open a can of, say, creamed corn. We split the can three ways, and that one-third of a can must last each of us two meals."

After a few moments of reflection, Jim finally nodded. But how, he wanted to know, how would the food distribution system work?

Bob had a quick answer. "The honor system. You keep the food, Jim. We don't even know exactly where it is, only that you've got that storage place at the foot of your bed. Each of us is on his honor not to eat a single bite of food unless the others know about it. The same goes for the three cans of soda pop we've got. And if the sun ever comes out, we can set up the water distillation kit and apply the same rules to any fresh water we make."

Bob stopped. His throat was dry and so many words delivered so quickly made him hoarse. He still had the second half of his plan to offer, one to deal with a daily schedule of activities.

But Jim, fishing out a vegelink, had tuned out his brother-in-law. Either his attention span had ended, or he was anxious to explore or to stand watch for possible rescue. Or, perhaps, he did not want further conversation about using the water distillation kit. Whatever, he quickly ate one half of his link and hurriedly went through the hole to the outside.

That morning several important discoveries were made in the water beneath their beds. In their flooded former bedroom, Bob found Linda's purse, and she squealed with delight. Setting out her cosmetics to dry, she announced items—lipstick, comb, brush, three ballpoint pens, a couple of sticks of chewing gum—as if they were the treasures of a Pharaoh's tomb.

Then Jim found a pair of water-logged binoculars, Bob's camera, and a cheap compass, not the *Triton*'s navigational compass, but one that could still designate rough directions. The major find of the morning was a medicine kit containing bottles of aspirin, vitamins, penicillin salve, and mercurochrome, all unharmed from their submersion. And Bob fished out a toiletry kit with three tubes of toothpaste. These would become important in days to come.

In a cupboard that Bob took three dives to force open, he happily found two cans of white paint, a brush, a container of kerosene, a can of stove cooking alcohol, rags, diesel fuel motor oil, and three knives. Pleased to find a replacement for the one he'd lost, Bob kept two for himself—a Boy Scout knife with contraptions, and a seven-inch kitchen knife. The other kitchen knife he gave to Jim.

While the men worked beneath the cold water, Linda suddenly remembered the icebox, which, for some reason, no one had thought to look in. Immediately Jim plunged in and, after a long minute, came up triumphant. The old-fashioned cooler had been filled with salt water, and the ice had long since melted, but it still contained perfectly edible fresh cherries, two grapefruit, and two dozen eggs, these protected by the coat of Vaseline that Linda had wisely put on them before departure.

In celebration, a grapefruit was cut open, its juice never so appreciated. Bob insisted on saving the rinds, for they might have nutritional value later on.

In the afternoon, the men went topside and painted the once-blue bottom of the *Triton* a glistening white.

They left two-foot letters HELP in the original blue, and, as afterthought, Bob painted an enormous six-foot arrow leading to the plea, which he felt had a nice pop-art sort of feel about it. Finally they took the orange curtains from the bedrooms and orange life jackets that Jim's children had used and nailed them about the overturned main hull as contrast. Bob felt sure the gaudy trimmings could be seen by a searching airplane from miles away.

When they were done, Bob found a piece of wood about two feet wide and four feet across and, with some of the remaining white paint, dashed off a variation of the classic message in a bottle: "The TRITON—Capsized July 11, 1973, off Cape Mendocino, Cal. Three people on board. All safe. If this is found, please call Coast Guard in San Francisco or L.A. Today is July 13, 1973."

As he waited for the sign to dry, admiring his newfound talent for art, Bob heard Jim approach behind him. Reading the legend, Jim shook his head. It was not necessary, his eyes said clearly. But he did not comment. With crossed fingers, Bob hurled the painted board into the sea, watching the waves carry it away, watching until it was gone.

Dinner was the second half of the vegelink. Bob and Linda chewed slowly, savoring each morsel, trying to stretch the meal period into a full hour. But Jim disposed of his in two rapid bites. He was anxious to begin observation of his Sabbath eve.

"Do you mind if I have an informal Friday evening service?" asked Jim.

Bob nodded agreeably. The day had been an easy and productive one, and he did not want to be the cause of friction just before they must try to sleep.

With his harmonica, Jim began playing Sabbath school songs, tunes that Bob had learned three decades ago. Perhaps Jim played by chance, perhaps he chose them purposefully. Whichever, they washed memories over Bob, memories of other Friday nights, of brothers and sisters warmed by a blazing hearth, of a father reading from the family Bible—his grandmother reading hers in Russian. He could almost taste the great pot of borscht that the women had prepared to last throughout the Sabbath hours, for it was forbidden to work or cook. And the buns!—quickly made and fried and tossed in hot garlic oil, piled high on a platter to dip into the soup. On Fridays the house would smell of roasting chickens that had to be golden brown by the end of the day's sun because the stoves were turned off then. The kitchen could not return to life until Saturday night. Everything had to stop for God's holy day.

Now, lost somewhere in the world's largest ocean, Bob found temporary harbor in the memory of those bonds.

" 'Jesus in the family . . . happy, happy home,' " said Jim, his eyes almost mocking Bob over his harmonica. It was a song every Adventist child could sing. Linda, knowing neither the words nor their importance to her husband, clapped along evangelically. When it was done, she requested one from her young years, "Jesus Loves

Me," which Jim played merrily, followed by "Row, Row, Row Your Boat," which set them laughing and whooping and repeating themselves for a secular round of fun.

But the song had to end, and Jim knew no others. He put away his harmonica to read silently from his Adventist book. As the night slipped from their room, he asked if he could pray.

"Have at it," said Bob.

"I mean," said Jim cautiously, "a real prayer. Out loud."

"If you want." The music had warmed Bob and the memories still clung to him in the silence.

"Dear Lord, dear Jesus," prayed Jim, his eyes tightly closed, his hands possessing his book as if it were the Grail. How quickly the power filled him, swelling his voice! Blessings were asked for his wife, his sons, his unborn child, his parents, for Bob's family, for Linda's people. And then he stopped, as if the prayer were done. But he had not intoned his customary, "Thank you, Jesus, for hearing and answering our prayers," and Bob expected more would come.

"And if it is Your will, dear Jesus, that we be rescued," continued Jim, "then we are ready to be rescued. We do not want to rush You, Jesus, for we know that Your heavenly plan will be unfolded. But we want You to know that we are waiting. Thank You for hearing and answering our prayer, dear Jesus. Amen."

Beside him, Linda said "Amen." Her benediction surprised Bob, for he had assumed her religion was even more casual than his. Rarely had they attended formal church services during their three years of marriage.

After the singing, after the prayer, Linda went to sleep quickly, passing the entire night, for the first time, without trembling or screaming.

The next morning brought yet another first. A brilliant sun illumined Jim's Sabbath, a clear and hopeful Saturday dawn that contained none of the dark gloom that had commenced each of their days since the capsizing. Rays of warmth and light burst through the cut-out place in the board that covered the hole above their heads.

Linda awoke excitedly. She shook Bob, anxious to climb outside where she could dry her clothing and bed covers. They all lived in a state of constant dampness. Since the hour they had taken refuge inside the *Triton*'s main hull, Linda had not left her bed. For two days and three nights her world had been eighteen inches wide and less than six feet long.

But first, suggested Jim, why not join him in Sabbath services and thank God for the sun and its promise? Linda agreed to wait. His service followed the formula from the night before: hymns on the harmonica, a text from *The Great Controversy,* and a concluding prayer. Linda paid little attention to the words, for she was listening more to the sonority than the content. But Bob heard, and what he heard disturbed him. Jim's prayer seemed to be a continuation of the one from the previous night.

Turning his face to the sunlight, Jim spoke to the Lord. "Dear Jesus, touch each of our hearts. Help us to prepare ourselves for the hour of rescue. Now it is clear. Now we understand, dear Jesus. We understand that You will *not* rescue us until each of us is prepared. Speak to our hearts, dear Jesus, make our hearts right so that You can rescue us. Thank You for hearing and answering our prayers, dear Jesus. Amen."

With that, Jim took his half of vegelink and hoisted himself through the hole for breakfast in the sunlight. But the prayer remained, troubling Bob. He could not be sure, but it seemed that Jim was edging closer and closer to a point he wished to make. Bob decided to wait for one more prayer before he took Jim to the mat.

Linda expelled Bob to topside and said she would call him presently. Obeying, Bob pulled himself up and onto the freshly painted bottom of the capsized *Triton* and sat down. A dozen feet away, Jim faced him. But they did not speak. The current between them, however, was electric.

In Bob's absence, Linda combed her hair carefully and put on makeup, having tested her cosmetics and determined that they were, at last, dry. As she worked, peering into the tiny mirror built into her purse, she hummed gaily. The discovery of her purse had buoyed her spirits. At twenty-four she was beautiful with or without makeup, even with only salt water to cleanse her face. But she found, as most women do, solace in the jars of cream and color.

When done, she called out to Bob to help her. He stuck his face into the hole and peered down at the beds.

Linda smiled flirtatiously. It worked. Bob whistled in appreciation. "You're beautiful," he said. He noticed a line of pain around her eyes that the makeup could not hide, but he did not remark on it.

"That's the best I can do," said Linda. "Give me a hand." She raised her arms and Bob grabbed them.

"How do you manage to stay gorgeous in the middle of a shipwreck?" he asked. "Ready?"

Bob pulled his wife through the hole and prepared to embrace her. But in the few seconds it took to help her onto the surface of the boat, her newly decorated face became masked with intense pain. She lay on the arching slope of the overturned trimaran and breathed heavily.

"What is it, honey?" asked Bob, bending down beside her.

"It's nothing," lied Linda. "My legs hurt a little. Probably cramps. They'll go away."

"Maybe I'd better take a look."

"No!" Linda grabbed her husband's hand and refused to let him touch her.

"Linda, it won't hurt to look. You might have bruised something when we capsized. Let Doctor Tininenko examine the patient."

Reluctantly she permitted him to pull off her jeans. They had not been removed since the moment the *Triton* flipped over. And then Bob saw. It was all he could do to avoid recoiling in horror.

Covering Linda's hips, thighs, legs, all the way to her ankles, were sores—some as large as a tennis ball, the others more the size of a quarter, all festering, puckering with white infection. Bob counted quickly. At least fifty. Maybe twice that. Obviously she had been and was in intense pain.

"Poor baby," said Bob, trying to sound calm, "you've got a bunch of lousy sores. Must be an allergy or something."

Linda knew their cause. Ever since the boat turned over, there had been no discussion of toilet needs. The men had been urinating inside their pants, automatically rinsing their clothes when they dropped into the water to search for supplies. And they had made trap holes in their mattresses which made it easy to unfasten their flies and urinate into the sea, flushing continuously beneath them.

But Linda had not left her bed, nor was there any convenient way she could urinate other than simply passing water inside her jeans. The urine combined with the salt water that always dampened her clothing, and the reaction was an eruption of sores and infection on the lower half of her body. Moreover, Bob noticed large purple bruises on her knees and elbows, where she had clung so desperately—as they all had—the morning they waited futilely for the Coast Guard plane to find them.

"Why didn't you tell me sooner?" said Bob. "We've got to start doctoring these."

"They didn't bother me," said Linda. The pain had not seemed worth telling about, so great were their other problems.

Bob took the bed sheet and dried it in the sun and placed it over Linda's legs so that she could, modesty's dues paid, feel the warmth. But within less than an hour she had grown so weary that Bob had to lift her and gently take her back through the hole to their bed. From the medicine kit, Bob took penicillin salve and spread it over her legs. As he worked, he wished for fresh water to bathe the sores.

And then he remembered. The water distillation kit! It would be usable today because the sun was out, its power able to withdraw the salt from the seawater and deliver them gallons of fresh. If the sun held, and fair weather could be hoped for since the summer day was July 14, they would have an inexhaustible supply of water.

Bob stuck his head through the hole and called to Jim, who was sitting pensively, staring out at the sea. Although he had caught but a glimpse of Linda's sores, Jim seemed deeply affected by her suffering. He had turned quickly from the corruption and found a place away from them where he could sit alone in brooding silence.

"Jim!" called Bob. "Let's set up the water distillation kit."

Jim turned slowly. "Where is it?" he called down, as if the existence of the apparatus was a revelation to him.

"Where is it?" Bob echoed. "What do you mean, '*Where is it?*' I gave it to you the second day to keep. You put it up somewhere, remember?"

With a noncommittal shift of his shoulders, Jim descended slowly through the hole and dropped onto his bed. For a few moments he rummaged brusquely through the food and supplies he had stored at the place near his feet. Then he turned and shook his head. Negatively. Impassively.

"Can't find it," he said. He spoke casually, as if he could not find a missing button or a sock dropped under the bed.

In disbelief Bob stared at him. "You're kidding me," he said. "Hand it here so I can set it up. There's good sun. We should have water by dark."

Jim stretched out on his bed. He looked at the oppressive ceiling, inches from his face. He would not look at his brother-in-law. "It's simply not there, Bob. I guess it fell off."

Rage leaping within him, Bob lunged across the space dividing the two mattresses. He crawled about Jim's body, pawing desperately through the possessions. The book. The knife. An opened can of peanut butter. A camera. Binoculars. Not there! A torrent of conflicting ideas careened through Bob's brain. Was Jim joking? Was this the punch line to a burlesque skit of blackest comedy? Was he concealing the kit for his own use? Was it already set up somewhere in a secret place? Had it really fallen into the water? Did it ever exist? Did he imagine finding it and handing it to Jim? Am I dreaming this very moment? Am I going mad? Now a scream escaped him and as he cried, he rolled into the water beneath the rope platforms, thrashing wildly in search of the missing kit.

"Help me, dammit! Help me!" Bob yelled at Jim, reaching up with wet hands and trying to pull him forcibly into the water. Jim drew back, expelling Bob's grasp, as one would deny the importunings of the deranged.

A small piece of something bobbed a dozen feet away in the corner of the hull and Bob, seeing it, leaped porpoiselike out of the water and crashed toward it, seizing the object with his hands and lifting it hurriedly to his eyes. It was nothing but torn plywood, ripped from a cabinet, and Bob hurled it angrily against the wall.

Across the water, in a voice of calm and serenity, Jim spoke to him. "Maybe it is the will of God that we no longer have the kit."

"No!" Bob gulped air and plunged to the floor of the hull, staying under until his lungs ached and demanded that he end his search. Defeated, his body throbbing from the cold, Bob swam to his bed and dragged himself up, collapsing beside Linda, burying his face in the damp mattress and trying to expel the terrible thought that consumed him.

It seemed impossible, cruel, and Bob sought to dismiss it from his consciousness. But it simply lodged there, like the piece of flotsam in the corner of the hull, refusing to go away.

The pieces were coming together. The puzzle was not yet formed, but an outline was there. It seemed possible that Jim had deliberately thrown away the water distillation kit. Perhaps he had even destroyed the balls of cheese and the macaroni and the rice and other food he had not even disclosed. Perhaps, thought Bob, Jim is systematically stripping us, denying us nourishment, denuding us in the eyes of his omniscient God. Only Bob dared not articulate his worry, for he preferred to be nagged by possibility than be devastated by confirmation.

But, then, Jim's next intonement made it all but clear. "We must be totally dependent upon God," he said softly. "If we made water ourselves, then we would congratulate ourselves and perhaps live a long time and believe that we did it all. I believe it is God's will that the kit is gone. We must be dependent upon the Lord."

Bob bit into his mattress to keep from screaming.

8

LINDA HEARD THE SOUND first, a drone as faint as a fly buzzing in the far corner of a summer room. She raised up on her elbows, wanting to believe her ears but almost fearful of calling attention. But the noise held. It was there! She shook Bob, daydreaming beside her.

"Listen!" she commanded in a hushed whisper. Bob strained his attention to the exit hole.

Now the drone was louder. It could not be confused with the familiar sounds from the sea. An alien sound, the sound of man. Rescue!

Bob fairly leaped through the hole, shouting at Jim to follow him. The two sprang onto the *Triton*'s surface, leaving Linda behind, begging to follow but too discomforted by her sores to make the climb.

On the horizon, bearing directly at them from the

south, making zigzag patterns across the sky, was a small, two-seater airplane. It seemed obviously in search of something. And below, moving stately across the waves, was a ship, a thin line of grayish smoke leading almost to the plane, as if they were linked by this slender thread. Obviously they were partners.

Had the seascape been the face of a clock, both the plane and the ship would first have been seen at ten o'clock. And by the time they reached an imaginary high noon, Bob and Jim were leaping and dancing on the sloping bottom of the *Triton*. Waving an orange life jacket, Bob cried across the waves. Jim flagged his hands in frantic semaphore. Below them, in her bed, Linda wept with happiness. She looked at the wall where Bob was carving a daily calendar. July 18, 1973. Eight days lost at sea. He would never carve the ninth!

But the plane abruptly turned, banked east, and disappeared in a shelf of clouds. Never mind, thought Bob. We've been seen, the ship is coming to take us. Ten minutes dragged by, the men growing tired from their leaping and waving. The ship seemed to stop less than two miles from them. Then it started again, executing a right-angle sweep and racing away toward the northeast. The plane reappeared from the clouds, circling over the ship in some sort of reunion salute. Both proceeded purposefully toward two o'clock on the fantasy clock. Within the longest quarter hour of Bob's life, they vanished, the plane consumed by the horizon as surely as if it had been shot down.

The two men screamed and begged and implored with their aching arms for the rescuers to return. But they were left exactly as they had been at the moment Linda first heard the faraway drone. Alone.

Dejectedly, Bob sat down. "Now they'll figure they've searched this area," he said bitterly. "They won't come back."

Jim only nodded knowingly, as if he were privy to information Bob did not possess.

That night Linda said she could not take solid food. She had neither the strength to chew it nor the will to keep it down. Bob insisted that she try to take a bite of sardine, but she gagged when she put it in her mouth and the salted fish fell from her lips into the water below the bed.

In despair, Bob remembered the powdered milk packets they had found. Almost dreading the reply, he asked Jim, "Do we still have the powdered milk?"

Jim looked in the storage place and held up four packs.

"Tomorrow," said Bob, "I'm going to swim to the outriggers and see if there's any water left."

"There won't be any water," said Jim.

Bob shook his head. "It's worth a look. I remember wedging some of the containers pretty tightly in the forward hull. It's possible some of them didn't wash out." In the eight days since they had capsized, they had drunk only the liquids from the canned goods. Bob had always wanted to swim to the outriggers to look for water, but the seas had been too choppy and cold to risk plunging in and prowling underneath the *Triton*.

"It's dangerous," said Jim.

"Well, I've got to try," said Bob. "We need water to make milk for Linda." Jim nodded understandingly, though he did not hide his skepticism over the mission.

Before they went to sleep on this disappointing night, Jim prayed again. And this prayer, the third in a series, was the climactic act of a drama whose theme was now clear to Bob.

"Dear Jesus," Jim began, "we come to You tonight with understanding in our hearts. We know now that one of us on board is not ready for Your coming. . . ."

At this Bob tensed, raising his head to watch Jim, praying in the darkness two feet from him.

"One of us on board has not given his heart to You," the prayer continued. "One of us on board has not consecrated his life to You. And we know that when that person does these things, when he accepts Your power, dear Jesus, when he gives You his heart, then You will rescue us . . ."

There was to be more, but Bob cut in sharply.

"I don't appreciate that prayer, Jim." His voice was cold.

"I'm not finished, Bob."

"I said I don't like what you just prayed. It isn't true."

Unclasping his hands, opening his eyes, Jim transferred his attention from God to his brother-in-law. "I believe what I pray, Bob," he said, speaking with an odd tenderness, as if bending down to instruct a child. "I believe that God brought the storm, that God's hand caused us to capsize, that God is making us suffer, that God will reach down and rescue us when we are all ready. And not until then."

The racing began again in Bob's head. He hardly knew where to begin in attempting to knock down Jim's beliefs. "That's nonsense, Jim, and you know it. That storm was probably hundreds of miles across. Maybe other boats capsized, maybe other people drowned. Do you really believe God caused that great storm just to punish me because I stopped going to church ten years ago?"

Jim responded by shaking his head in sadness, as if thwarted by a man who could not accept the truth.

"God didn't capsize your boat, Jim," Bob continued. "You did. I kept her sailing twelve hours, and fifteen minutes after you took the wheel, we were upside down. Where's the explanation for that?"

"I've said all I need to say, Bob. Just think on it. When Wilma and I planned this trip, we both prayed that somehow, something would happen that would bring you back to where you belong."

"And this is it?" cried Bob. "How can you sit there and even think such things, much less pray them out loud? Did God cause those sores on Linda's legs? If so, why is He picking on her? She's the only truly good person I ever knew."

Linda put her hand out to calm her husband. "Bob, please," she murmured gently. "Let's sleep."

He shook her touch away. One more thing remained to be said, and he would say it so coldly that Jim could not possibly misconstrue its meaning. "I don't want to hear that prayer again, Jim," he said. "I can't stop you from praying to yourself, but I warn you— Don't say it out loud. I won't have it. Understand me, Jim?"

Jim turned on his side and faced the wall.

None of them slept well that night.

The sun held another day and the sea calmed, yet when Bob dived in the next morning, July 19, to search the outriggers for water, the shock and cold sent pricks of pain through his body. With cramps knotting first his toes, then the balls of his feet, finally his legs, Bob swam hurriedly under the hull to the starboard outrigger, fifteen feet away. Twenty gallons of water had been stored there on the day the *Triton* left Tacoma. Bob suspected the hatch would be open, just as the two hatches in the main hull had been torn away in the capsizing. But as he approached the outrigger, he could see through the startlingly clear blue-green sea that it would not be necessary to find the hatch. A large jagged hole was ripped in the outrigger's belly, probably caused by a chunk of the mainmast when it splintered and fell that stormy morning.

He hoped for an air pocket in the outrigger, not trusting his skills as an underwater swimmer. But there was no air. His breath quickly going, his legs so numb that they would not kick, Bob hurriedly searched the storage quarters. He discovered, to his despair, that the water containers were gone.

But on his way back out the jagged hole, Bob's foot brushed against an object, and when he grabbed for it, his hand found Jim's scuba diving suit and a bag of gear that had somehow found shelter in the outrigger. Bob grabbed them and burst to the surface.

Wearily he paddled to the main hull where Jim was

standing. Bob held up the discovery and Jim was elated.

"No water," gasped Bob, gulping the fresh morning air. Jim seemed unconcerned at the disappointing news, so pleased was he to get immediately into his wet suit, mask, and fins. Quickly he dropped into the sea, as eager as a man on a yachting holiday.

When he had the energy to stand, Bob watched Jim prowl the waters, just beneath the surface. When he came up, Jim was grinning. It was the happiest Bob had seen him since the day they set sail.

Bob cupped his hands and called out to Jim. "Check the other outrigger as long as you're down there," he said. "Maybe there's water in that one."

Jim shook his head negatively. He pulled off his mask. "There's no water, Bob," he said. "It won't do any good to look. I told you how I feel about interfering with the Lord's will."

"God helps those who help themselves, dammit! Now go and look. I found your scuba outfit. Return the favor." It was more of an order than a request.

Jim paddled to the port outrigger and peered through the open hatch. He called back to Bob, "Nope. Nothing."

"Go on in if you can," cried Bob. "You can't see all the way forward. I remember wedging the anchor against the water jugs to keep them from sliding around." A few hours after departure from Tacoma, Bob had rearranged the water containers because the *Triton* seemed slightly off balance.

Emerging a few minutes later, Jim held up a one-gallon Purex jar which Bob knew contained fresh water. No cask of Spanish gold pieces ever gleamed so brightly. “Just where you said it was!” shouted Jim, happy over the discovery.

“Only one?”

“More!” said Jim, diving under again.

Within half an hour, thirteen one-gallon jugs of fresh water were transferred from the port outrigger to the main hull. Not all of them were full as there had been leakage and evaporation. Bob touched each with awe.

When Jim emerged with the last one, Bob leaned down to the water’s edge. “Did you see anything else we might use in there?”

Jim shook his head. “Nothing. Everything washed out except the water jugs and that anchor.”

“The anchor? Is it secure?”

“It’s not going anywhere. Why?”

Bob shrugged. “I dunno. We might find some use for it.”

Within three weeks, Bob would find a use, and it would be unbearably poignant.

9

DISCOVERY OF THE WATER both cheered the three and eased the crackling tension between Bob and Jim. That the master of the *Triton* found the containers proved, at least to him, the validity of his communication line with God and fulfillment of his belief that his God would provide. And Bob cared little who received credit for the water, as long as it had been found. He did thank Jim, praising his courage for staying under the sea so long to find and bring up the containers.

All celebrated with a greedy, lip-smacking cupful. Then Bob set about concocting a drink for Linda—water, powdered milk, a raw egg, vanilla extract, and a drop of peppermint. Mixing it all together in a plastic juice container, he presented her his "milk shake *extraordinaire*" with all the panache of a sommelier offering a vintage wine. He watched encouragingly as Linda got a few swallows down. Within an hour, she had taken the whole cup and there was new vibrancy in her voice and color in her cheeks. "Hey, you guys, you know what?" she said. "I feel much better."

After dinner, which consisted for the men of a few teaspoons of chop suey mix, Bob picked up a piece of plywood and began to paint another message, which he would throw into the sea the next morning. As he painted the date, "July 19, 1973," he lifted his brush and paused. The light was almost gone from the long summer day and the white letters gleamed in encroaching dusk. "Nine days," he said, more to himself than to anyone else. But Linda heard him.

"They haven't given up on us, have they?" she whispered. Jim was topside using the last light to read from his Adventist book, and Linda did not want to rouse him and cause another eruption.

Bob reassured her quickly. "By now they've got an alert to the Coast Guard and the civilian fleet and every airplane owner who flies anywhere in the vicinity."

"You think so?"

"I'm sure. They'll find us. Just think what tales you'll be able to tell the first-grade kiddies this fall. Yours will be the all-time classic 'What I Did Last Summer.' "

Bob put his arms about her lightly, careful to avoid her painful sores. Before dinner he had bathed her thighs and legs in the cool fresh water, then put a new application of penicillin salve on the sores. He hoped the sea would remain calm, so that waves would not kick up inside their quarters and splash salt water onto her bed and irritate her further. But something else was also troubling him.

"Honey," he said, "you don't believe I'm responsible for what's happened to us, do you?"

Linda shook her head. "I wanted to come. We each made our decisions. You didn't force me."

"No, I don't mean that. I mean the capsizing and our not being rescued yet. You don't . . . you don't believe what Jim's been praying, do you?"

She smiled and touched his face. "Of course not. I'm not in the same league with you fellows when it comes to theology. The best I can do is 'The Lord's Prayer,' and 'Now I Lay Me Down to Sleep.' "

"Then use them, if they make you feel better. I just don't want Jim to upset you with those weird prayers of his."

"He doesn't," she said, "because I don't let him. Don't be so defensive with Jim. If he gets on your nerves, don't say anything. Jim can't help it. He's concerned, he's nervous, he's alone, really—except for his beliefs. They help him, just like you help me."

In the near darkness, Bob smiled to himself. Linda should have been a diplomat. "I'm not trying to change him," he said. "I just want to keep things as peaceful as possible between us until we're rescued. If he and I are at each other's throats all the time, we'll be too tired to wave at a plane when it comes."

Above them, Jim watched the last drops of the sunlight meld with the blue-black sea, and he reluctantly closed his book. For a time he sat in the darkness, listening to the waves. Then he descended through the hole and dropped onto his bed. This was the hour when their spirits ebbed; they dreaded the darkness. The hours of midnight endured longer than the Montana winter. Bob tried not to look at his watch during the night, for it was maddening to wake up and feel dawn to be near, only to discover that but five minutes had passed since his last look at the hour.

"I tied the water jug here," said Jim, his voice breaking the quiet. Twice already this day he had showed the others where the container was lashed by ropes to a place between their beds. But he seemed anxious that each realize where the water supply was kept. It had been agreed that, starting immediately, the daily ration of water would be one cupful per person. This was Bob's idea, and although Jim grumbled that he felt it unnecessary to ration God's generosity, he went along.

It was further agreed that the water jug should be in full view at all times and that no one would take even the slightest sip without informing the others. If one woke up desperate for water during the night, he or she was expected to reveal the consumption at morning. The water level in the jug would become as familiar to each as their profiles.

Denial is an all too human characteristic, one both harmful and useful, whether employed by a man condemned to terminal disease who reassures himself that it simply cannot happen to him, or seized by the families of three people missing at sea who reassure themselves that the worst has not occurred. Because it is always easier to seek alternatives to the truth, more than a week went by after the *Triton* capsized in the violent storm before someone on land grew worried enough to sound an alarm.

While the *Triton*'s three passengers scratched out each day and night in the belief that rescue was imminent, the astonishing truth was that no one even began to look for them until July 22, the twelfth day of their ordeal. The zigzagging plane and its companion ship, it would turn out, were not in search of the trimaran, despite what Bob and Linda and Jim believed. The pair was engaged only in summer naval maneuvers. Nor had a plane been dispatched the morning of July 11 in the hours after the capsizing. Either Jim had misunderstood the Coast Guard in his weak and static-filled radiophone patch, or, in his state of shock and fear, he had imagined the whole thing.

Certainly one of the first people to have become worried should have been Wes Parker, the radio liaison in Auburn, who had helped Jim plan the *Triton*'s voyage and to whom Jim spoke in Morse code each day up to and including the morning of the capsizing. Three days went by after July 11 with nothing on his radio but silence during the hour when Jim normally contacted him, and Parker did not notify the Coast Guard. Nor did he grow concerned, or at least own up to any concern. Instead, he rang up Wilma Fisher, Jim's wife, and mentioned rather casually that the *Triton* was out of contact. What did that mean? asked Wilma. Not much, suggested Parker. He offered a string of "perhapses." Perhaps the radio had broken down. Perhaps Jim, whom Parker described as a "rank novice" at communications, was unable to tune the set properly to reach him anymore. Or, most likely of the perhapses, the winds were probably blowing so fairly in their sails that the *Triton* was bent on making record progress to Los Angeles, with no time allowed for radio reports.

Wilma accepted this. Her faith in God was as unshakable as her husband's, and she believed that a divine hand was sharing the wheel with Jim and Bob. Moreover, she believed in the strength of her husband's craftsmanship and her brother Bob's sailing ability. It was irksome not to hear from the boys, but she never thought of calling the Coast Guard to say that her husband and his two passengers were suddenly mute somewhere on the high seas.

Because most members of Bob and Jim's respective families were Seventh Day Adventists, their faith was like Wilma's. God would get the *Triton* to Costa Rica because it was His design.

Linda's parents, Mr. and Mrs. Elliott, were on vacation during this week and when they returned on July 15, no one seemed to know anything about their daughter and her sailing mates. By the schedule that Linda had left for her mother to follow, the boat should have been docked in Los Angeles by now. But the telephone had not rung with Linda's cheerful voice. Nor did any of Bob's people know anything. The Elliotts' other daughter, Judy, was not overly concerned at the silence. Perhaps, she suggested, the weather had been so calm and windless that it was taking longer than expected to reach Los Angeles.

"I'm very worried," fretted Mrs. Elliott. "Can't we

do something?" Her husband, a veteran navy man, counseled his wife not to get upset. She was often too emotional over imagined matters. Their daughter and son-in-law were young, adventurous, and healthy. They were on holiday. But Joe Elliott found himself lying awake at night in the darkness, waiting for the telephone to ring.

Finally, in Los Angeles, someone did something besides concoct mental palliatives. Bob's sister, Carol Lilley, wife of a radiologist, grew concerned when the *Triton* did not dock at Marina Del Rey. The boat was scheduled to arrive about July 14, give or take a day or two, and Bob had promised to call the moment they dropped anchor. The plan was that the Lilleys would drive immediately to the marina and welcome the voyagers. If they were weary and wanted to rest a day, the Lilleys were ready to put them up in their new and spacious Pasadena home before the *Triton* set sail again on its second leg, from Los Angeles to Mexico. The Lilleys, a young and athletic couple, were anxious to hear the tales of the sea.

When the *Triton* worrisomely was late, Carol Lilley made several calls to the harbor master at Marina Del Rey and, getting increasingly brusque responses to her inquiries, finally telephoned the Coast Guard in Long Beach at 5:40 in the afternoon on July 18. The *Triton* was long overdue, she said. Had the boat been heard from? Had it encountered any difficulties? Could the Coast Guard find out if, perhaps, she had put into harbor somewhere along the coast for repair?

The major Coast Guard stations in the port cities of

America are accustomed to such calls from an affluent society enchanted with boats, able to afford them, but not overly skilled in maneuvering them. Every Sunday night of the year, Coast Guard telephones start ringing with worried wives concerned about overdue husbands. More often than not, the missing craft is at that very moment sitting lost in a fog bank not far from shore, or run embarrassingly aground on a lonely stretch of beach or reef. By noon most Mondays, the missing are normally found and sent home with a mild lecture from the Coast Guard about the need to take a refresher course in boating and safety.

The Long Beach office bucked the *Triton* request up to San Francisco, where that district's Search and Rescue Unit routinely began a long-established drill. First, Wilma Fisher was located at a relative's home and interrogated to determine the boat's exact size, coloring, navigational equipment, and course. With that information, each harbor from Cape Mendocino in northern California all the way down to Los Angeles was contacted by telephone—hundreds of them, from the great marinas choked with yachts to remote restaurants with room for one or two speedboats to tie alongside. In the majority of cases, the Coast Guard has come to learn, missing boats are found at an unscheduled harbor.

At the same time, attempts were made to raise the *Triton* by radio. A distress report was broadcast up and down the California coast to all boats possessing marine radios, telling each to be on the lookout for the *Triton,* or, if it were seen, to notify the Coast Guard. The public information office released a brief news story saying that

Bob Tininenko, his wife, Linda, and his brother-in-law, Jim Fisher pose on the deck of Jim's trimaran, the Triton, *before their voyage.*

Bob and Linda

Jim and Linda

Jim, his wife, Wilma, and their two sons, Todd and Bradley

The Triton *under way*

a search was under way. All of this took three days, and not until July 22 did a Coast Guard unit actually set out on the ocean to look.

As usually happens when a government agency asks its citizenry to be on the lookout for something, numerous leads and false reports were turned in. One woman insisted that the *Triton* had run aground near Santa Barbara and its crew was sunbathing on the beach. Another well-meaning sharp eye claimed to have seen the *Triton* tied up to a luxurious restaurant in Sausalito, where its owner was reported to be buying gin and tonics for the bar crowd and telling of his exploits. All such nonsense had to be checked out.

On the evening of July 21, all of the available information was assembled by the Search and Rescue Unit in its skyscraper office on the ninth floor of a building in the financial district of San Francisco. A computer in Washington had digested the *Triton*'s description, her last known position, and weather reports, and had coughed up its mechanical notion of where the boat could be found. For several hours, the Coast Guard men studied the charts, reports, and computer readouts, and examined the room-sized map of the Pacific Ocean that dominates their command central.

The decision was to launch a major search at dawn the next morning.

A C-130 four-engine propeller plane took off from San Francisco at sunrise and spent all the daylight hours flying low over a circle of sea with a thirty-mile radius near where Jim had last reported the *Triton* just before it capsized. That it was now twelve days after that radiotelephone patch made it seem unlikely that the craft would be in the same area—unless it had sunk and left debris on the surface.

When the plane returned with a negative report, the search was widened. Another C-130 went up as well—now there were two planes equipped with ten men trained to scan the ocean with the naked eye, not trusting binoculars. The searchers work only fifteen-minute shifts before relief, because the eye grows weary when it focuses on nothing but the monotonous sea. The Air Force contributed two more planes, which joined three Coast Guard helicopters and the cutters *Resolute* and *Comanche*. More than six hundred men in six ships and thirty-four aircraft spent the next three days searching for the *Triton* in an ever-widening swathe, growing from the original thirty miles to more than 200,000 square miles, extending from the Oregon border to Punio San Antonio, Mexico, 180 miles south of the border. The water was scanned from the shore to four hundred miles out. At a cost of $208,000, the search was one of the Coast Guard's most massive of the year. Not more than six or eight times a year does it employ this many men and craft, and their record for finding the lost is excellent.

On the peak days of the search, July 24, 25, and 26, the capsized trimaran was drifting almost due west in a straight line from San Francisco, between 100 and 150 miles from shore. But the inhabitants of the *Triton* saw no planes or ships during these days, nor did any planes or ships see them. Riding only eighteen inches above the waves, she easily eluded the hundreds of eyes tracking her from the sea and sky.

On the evening of July 27, convinced that the territory

had been checked and rechecked, that no further expense was warranted, the Coast Guard's public relations office issued a terse statement to the media which had paid the story but slight attention anyway in a summer crowded with Watergate and attendant scandal.

> SAN FRANCISCO, JULY 27, 1973
>
> An extensive four-day search for the missing sailboat *Triton*, from Tacoma, was suspended today at dark. The search, which covered approximately 200,000 square miles, was a combined effort by the U.S. Coast Guard, Air Force, and Navy.
>
> Last contact with the missing vessel and its crew of James Fisher, owner and operator from Auburn, Wash., and Robert and Linda Tininenko, of Longview, Wash., was made on July 11. This contact was by Citizen Band Radio with Carol Lilley of Los Angeles and indicated that the vessel was 60–80 miles off Point Arena, Calif. and in no distress or need of assistance.

The release contained two major errors of fact and one omission that, much later on, would become enmeshed in contradictions, excuses, and backpedaling. The *Triton*'s last radio contact was made not to Carol Lilley in Los Angeles, but to the Coast Guard itself, via the telephone patch by the San Carlos ham operator, N. C. DeWolfe. And the *Triton*'s last position, as radioed by Jim on the fateful morning, was seventy-five miles southwest of Cape Mendocino, not Point Arena, which is thirty miles farther down the California coast.

Most curious of all, the Coast Guard did not mention, either in its news release or in its numerous conversations with family members of the missing three young people, that Jim had reported on the morning of July 11 that his ship had been in a storm. Perhaps it was a case of the right hand not knowing what the left was doing. Perhaps there are so many hundreds of radio messages received by the Coast Guard from ships at sea that nobody remembered this one. Or, most probably, the Coast Guard assumed that the storm was not a factor in the boat's disappearance, since Jim, after all, had used the phrase "We are becalmed." Whatever, the families of Jim and Bob and Linda would not learn that there had been a storm until several weeks later. And then they would grow angry at the Coast Guard and contend, in retrospect, that if they had just been given this information, on the morning it was received, then they would have insisted a search begin immediately—not a dozen days later. But hindsight is as cheap as denial and neither has much value.

A Coast Guard officer telephoned Wilma Fisher and informed her courteously that the official search was over.

"What does that mean?" she asked a little fearfully.

It means, said the man from the Coast Guard, that the government could no longer afford to keep 620 men, thirty-four airplanes, three helicopters, and six ships at sea looking for three people in a sailboat. But rest assured, he said, everyone would keep an eye peeled as they worked the ocean on other missions. And the civilian fleet would be reminded from time to time to keep a casual lookout.

"What do you think?" Wilma asked then.

"It means that we are unable to find them," he said. "It means they are . . ."

Wilma thanked him and hung up. She could fill in the blank. It means they are lost, and presumed dead.

10

EVEN AS WILMA put down the telephone and went to find her Bible and begin yet another prayer, the three who lived within the overturned *Triton* had settled into an almost rigid daily routine. Gradually Bob led the others to accept his hour-by-hour schedule of activities, and now all were dependent upon it to get through the day. The routine was almost inviolate.

At 7 A.M. Bob called out wake-up to Linda and Jim. The agreed-upon rule held that if a person was still sleepy and wanted another hour of rest, that was permitted. But rare was the morning when all were not anxious to be awake and rid of the loneliness of slumber. This first hour of the morning was spent in grooming and personal needs. Each washed and dried his face with a hand towel tied to a rope. The towels could be dipped into the salt water and raised and lowered at will. Then hair was combed, teeth were brushed (toothpaste was spit into the running sea beneath them). Linda put on lipstick, eye pencil, and makeup, then passed her mirror around to the others so the men could peer at their countenances. And all had to inspect carefully the other's faces to determine if the eyes remained clear and shiny, if the skin tone was healthy. During this hour, they were not required to converse. Each could be alone in spirit, and Jim usually spent the time after grooming in silent prayer and meditation.

Bob filled the remainder of his free hour doctoring Linda's sores, which continued to improve with daily application of penicillin salve. Some of them were drying rapidly. Others still festered angrily. But her pain seemed less, and the bruises at her elbows and knees were lightening.

At precisely 8 A.M., the breakfast hour began, and it was just that, a full hour, despite the meagerness of their menus. Linda sipped at the milk shakes that Bob continued to prepare, mixing them in the quart plastic container and keeping them cool in the sea beneath their bed. When she grew weary of the same drink at every meal, Bob alternated a cup of what he deemed to be "chicken cacciatore," which was the chicken bouillon powder mixed with sea water. "A good cook would put salt in the water, anyway," he said encouragingly. Linda preferred the milk shakes.

The men took a few bites of canned vegetables, or half an artificial hamburger, or a half-dozen English peas, sometimes taking ten minutes to savor, chew, and slowly swallow one solitary pea. If a person professed no appetite, the other two would gang up, forcing him or her to try and eat.

Early in their survival, the realization had come to Bob that the easiest thing by far would be to starve to death. "It's so strange," he confessed to Linda one midnight in a whispered moment, "after a day or two of not eating very much, you lose all interest in food. Your stomach doesn't even growl. You have to force yourself to eat. What you'd really like to do is just lie back and go to sleep."

Linda agreed. She did not tell him that she perhaps knew this better than he.

From 9 A.M. to 10 came water dispersion hour. Each could draw from the gallon jug tied between their beds an amount ranging from the tiniest of sips up to a full cup, depending upon the person's mood or need. Because Linda could sustain only liquids, she normally drank most of her full daily cup during this hour. Jim preferred to drink half his cup at this hour, the remainder at dinner. Bob usually stretched his intake throughout the day in sips, always announcing them out loud, saving perhaps an eighth of a cup for the middle of the night when he always awoke, mouth parched and dry.

At 10 A.M., discussion hour began, sometimes enduring, on a lively day, until past noon. It was not always so. When Bob first introduced this period, the others wanted to know what the rules were.

"I don't know," said Bob. "I suppose there are no rules. The point is, we should have a definite time of the day when we must talk to one another about specific topics. I can introduce a topic each day, but I don't want to be the chairman, so you each should bring up something now and then to discuss."

But they already did talk, Jim pointed out.

Only in fits and starts, said Bob, and with too much time dangling in silence. Only with the discipline of a formal subject could they sustain their interest and pass the time.

But what would the subjects be? wondered Jim, never having been good or comfortable in social chitchat.

"Anything!" said Bob a little testily. "People you've known, people you like, people you don't like, places you've been, books you've read, ideas you want to explore, politics, hobbies, your kids, whatever."

"Why should we talk about these things?" asked Jim.

"Because," said Bob patiently, "it will get us through an hour every morning and because it will keep our minds occupied and because it might even be fun."

There was no mistaking the dubiousness on Jim's face, but Linda urged him at least to try. "It won't work unless we *all* participate," she said. Jim said he would.

At 11 A.M. came an hour of games—Twenty Questions or a mental version of Probe in which the player who was "it" kept a word in mind while the others tried to identify its letters, a difficult variation of the standard board and cardboard letters. At midday, there not being enough food for lunch, a free hour was scheduled during which the three could nap or remain resolutely silent. That became a privilege, silence, for Bob was almost despotic in enforcing the periods of the day. Unless someone wanted to sleep, he or she was expected to participate in each hour's activity. Nor was faking of sleep permitted. It was easy to tell whether eyelids were only fluttering or firmly shut in sleep.

During one free midday hour, Bob began fooling with

the Boy Scout knife he had retrieved from the water. He had never carved before, but over the days that passed he became adept. The wedge of plywood on which Linda passed the first night became a deck of playing cards for cribbage. Realizing that Jim's religion forbade anything related to gambling, Bob shrewdly eliminated the jack, queen, and king, carving instead one-two-three-four-five-six-seven-eight-nine-ten-eleven-twelve-thirteen. This made it a game of numbers. Instead of suits, Bob colored the pieces of wood—one group white with the paint he had been using for his messages, one red with Linda's reluctantly contributed lipstick, one the black of eyebrow pencil; the fourth remained natural.

With the success of the cribbage board and playing cards, Bob moved on to a major effort—whittling a pair of dice and a board game he entitled Bump. This consisted of a Monopoly-like set of squares, over which markers were moved according to the throw of the dice. A series of penalties and handicaps was devised and the idea was to get to the last square, which Bob called Rescue.

After the midday free hour, the afternoon was passed by repeats of the discussion and game periods, with another free hour just before the evening meal. Jim frequently took this time to go topside, paddling around in his scuba equipment when the sea was calm or sitting patiently watching the sky and the horizon for God's rescue.

One afternoon toward the end of July, Jim returned to his bed exhausted after his swim, his face drained of color. Bob remarked that swimming claimed too much of his energy.

"Let me worry about that," answered Jim. "It's a free hour, isn't it?"

For a week, lasting until almost the first of August, the Pacific was serene, living up, for the first time, to its name. No white froth capped its modest heavings, no winds tormented the *Triton.* She floated like a child's toy boat on a lake in a drowsy park, albeit a toy that had turned upside down and remained too far away for the child to turn upright. Now an oppressive sun was the only climatic problem, beating down from mid-morning to late afternoon, turning the inside of the *Triton* into a steam bath. The men first tried to cope with the heat by taking the hole cover off, but the rays were too intense. When they put the cover back on, their chamber became a pressure cooker. No matter what they did, they perspired constantly.

The makeup that Linda continued to apply ran desolately and streaked her face. Her hair became impossible to comb, twisted as it was in knots and rats. Before they were married, Linda had worn her hair short in a gamin style. When she learned that Bob liked women with long hair, she let it grow until it reached the small of her back. Now, in the heat, Bob took his knife and sliced away his wife's hair so it would no longer torment her. When he was done, Linda's tresses were barely more than an inch long, and she turned her head away in sorrow as Bob threw the severed pieces into the sea.

Toward the end of the week, Bob thought he noticed a

dullness in his wife's eyes, an opaque film that was changing their hue from vivid brown to the color of worn-out earth. But the film went away, and Linda, newly boyish-looking, remained cheerful and anxious to play the games and participate in the discussions. In fact, one morning Linda said she had a topic, and Bob, weary of inventing new conversation himself each day, gratefully deferred to her.

"Before we capsized," began Linda, "I was reading *Anna Karenina.*" Bob nodded, remembering well the hour he had spent searching the waters of their overturned bedroom for the lost book. He had given it to Linda when she expressed interest in Russian literature. He relished the Russian writers, not only for their mastery in plot and mood and characterization, but also as acknowledgment of his Russian blood and the kinship he felt for them. One of his most prized possessions was a handsomely bound set of Tolstoy and Dostoevsky, and he felt the easiest way for his wife to begin would be with Anna and her tragic romance.

"That's a good subject," agreed Bob. "What did you think of the part you read?" He was as brisk as the moderator of a television panel show.

Linda brightened. "I loved it. Every word of it. And I understand why Anna fell in love with the younger man. She felt imprisoned. She was unhappy with the stereotype role of wife, she wanted to assert her individuality. And she didn't care what everybody thought about her. I think she was liberated, in a way."

"But she commits suicide in the end," said Bob.

"I know that. I'm almost glad I lost the book. I was

dreading that part. I'm such a romantic I wanted her affair to work out."

Linda glanced across at Jim, listening attentively but in the manner of a man hearing something for the very first time. Certainly he was not prepared to comment.

"It surprises me how really modern Tolstoy is," said Linda. "Don't you feel he was writing about the emergence of liberalism, of people who flout convention? What do you think, Jim? Did you enjoy Tolstoy?"

Bleakly, Jim shook his head. "I haven't read him," he said, a little shyly. "I've heard of him, but to tell the truth, I thought Tolstoy was a figure out of mythology."

"Mythology!" exclaimed Linda. "He was one of the greatest novelists of all time."

Jim nodded knowingly. "Then that explains it. He wrote fiction, didn't he?"

"Novels *are* fiction," said Linda, dispatching a discreet can-you-believe-it glance at Bob. He did not respond, for at this moment he felt sympathy for his brother-in-law. Here was a man who had endured the strict formal education of his church school, who had spent a year in Europe studying German, who had graduated from a religious college, and who most recently had served in the administration of both a college and a high school. Yet he was so confined within the boundaries of his faith that novelists, even the greatest novelists, dwelt in a land that was forbidden to him.

"I don't read fiction," said Jim. "It didn't really happen, it isn't the truth. Therefore it is a lie."

He sat back, as if waiting for the next topic. But now Bob was roused; he had a point to make.

"But there are moral and ethical theories propounded in the great novels, theories every bit as interesting and challenging as those in your Bible and religious books."

Jim would not have it. He frowned. "A man could read his Bible every day of his life and never absorb it all," said Jim. "It's worth all the novels in the world."

"The Bible is a good book, but it's not the only book," pressed Bob. "In fact, I personally feel that parts of the Bible are fiction."

Stunned by this blasphemy, Jim held up his hands, surrendering, not wanting to pursue the line any further.

"No, wait," said Bob. "I'm serious. I can name fifty stories right now from the Bible that some good novelist probably made up two or three thousand years ago."

"Parts of the Bible are parables," said Jim, giving in a fraction. "But they *happened*. At one time or another, they *happened*."

"Exactly!" said Bob, feeling he had made the move to get his opponent in checkmate. "Fiction is much the same. It is a record, an interpretation of something that happened, or may have happened, at one time."

But Jim found a move, at least one under his rules. "You're wrong, Bob," he said quietly. "The Bible is the Divine Word, the message from God, and therefore immune to challenge. I need no fictional lies in my life." Case closed.

In the days that followed, Bob tried to steer the discussion topics away from religion, for such talk always tottered on the edge of exasperation if not anger.

One morning passed with pleasant talk of hobbies. Bob spoke of his great love of the outdoors; he told how he and Linda had bought hiking boots in Salzburg on their honeymoon and climbed the Alps, how they had spent two enhancing weeks on the hundred-mile Wonderland Trail around the slopes of Mount Rainier. Interrupting, Linda told of her fear of bears and of a book she had read in preparation for the hike. "It said to carry a bell and a whistle, and if one saw a bear, to ring the bell and blow the whistle."

"So what happened?" asked Jim, impressed by her preparations.

"The third day out I saw a bear and I rang my bell and blew my whistle, and he loved it so much he came running right at me. I yelled to Bob and he came over with a branch and shooed him away."

Bob began to laugh at the memory.

"My husband," said Linda, feigning annoyance, "also fell down on the ground and laughed for approximately two hours. I should have rung the bell and blown the whistle to get rid of *him*."

Shyly at first, but warming to his subject when he discovered that the others were genuinely interested, Jim talked at length of his beekeeping and tropical fish. When he was a child, Jim remembered, his parents had taken him out of school and traveled to Florida for a time, his education consisting of Adventist correspondence work. A neighbor boy kept bees, and Jim became fascinated by them. Later, as a man, he tended his own hives and became immune to bee stings.

"Really?" asked Linda. "Can that happen?"

"I guess so. I got bit enough, but they never bothered me. When I lived at Battleground, the fire department used to call me when somebody reported a swarm of bees in their yard." What happens, Jim explained, is that when there are too many bees in a hive, the queen flies off to establish a new domain, and the workers follow obediently. It takes a while to find a new place to live, and the bees meantime swarm about and scare people. "I was always happy to get a call like that," he said, "because it meant new hives for me. You wouldn't believe the honey we got. I collected honey for everybody I knew. We even gave it away as Christmas presents."

Rambling on and on, Jim considered bees well past the cut-off hour for discussion period. But Bob let him talk. The most important point was not the content of the hours—Bob knew all he wanted to know about bees within ten minutes—but that they remain filled with words. Something to listen to! As long as talk crowded the clock, then there was less chance of melancholy and depression settling over them.

The next day, Jim was almost eager to tell of his tropical fish. "Wilma and I used to tell people that our aquarium was our color TV," he said, in a rare attempt at humor. So accomplished did they become in breeding and raising rare species that Wilma sold surplus fish to pet stores in Auburn.

Over the years, the Fishers had raised at least twenty thousand fish, and as Jim reminisced about them, Bob had the feeling that each and every one was going to be discussed. He closed his eyes and listened intermittently, happy that he had found a way to spur Jim into talk of something other than the Lord or their survival.

But Linda inadvertently resummoned Jehovah.

The fish were interesting, she said, but why was Jim opposed to having a television set? Did his religion forbid it? No, came the answer. Then, pressed Linda, were there not at least a few programs of quality—news specials, men walking on the moon, even religion discussions and sermons on Sunday morning?

"Sunday is not a holy day," exclaimed Jim, a little shocked that she would think so. "The Sabbath is on Saturday. Read the Bible and learn that truth. Moreover, television is a thief—stealing time that could be used more fruitfully in service to the Lord."

"After dinner," said Jim, closing his eyes in the reverie of remembrance, "we enjoyed one another. We talked. Wilma sewed. I read the Bible out loud to the children. And we prayed together before going to sleep. Just as I pray here, every night, that God will watch over all of us during the darkness and wake us with His love each morning. If that is His will."

Nodding, Linda fell silent. She had no more questions that morning. In Jim's eyes, when he opened them, was the glow of contentment, and Linda felt envy. Besides, she told Bob later, the idea of families communicating without the hypnotism of a television set appealed to her. To each his own, said Bob.

It was growing slowly, but already Bob was troubled. On nights when none of them could sleep, or during the free hours, Linda began asking Jim questions about his religion. She wanted to know the history of the church, why such a severe moral code was imposed on its membership—what was wrong with a cup of tea?—and why the Adventists spoke of Catholics so harshly.

What if she falls in with him? wondered Bob. What if Jim convinces her that all of our problems are because I do not believe in his church anymore? He could challenge Linda on what she was being taught, but for the time being he would not. He would bide his time and eavesdrop on her religious curiosity and education.

On the first Saturday after Bob introduced his schedule of activities, Jim spent the morning free hour wrapped in his private worship service, "private" meaning that he kept it to himself. Previously it had been routine, and Bob and Linda had gone about their lives without attention to Jim's devotionals. But on this day Linda paid abnormal heed to Jim's silent prayer, his reading from *The Great Controversy*, the clenching of his hands and the raising of his head in summons to his God. At one point Bob even noticed her praying silently herself, in fellowship with Jim.

When it was time for the discussion hour, Bob almost hurriedly introduced Watergate as the subject. The hearings under the chairmanship of Senator Sam Ervin had been stirring the country on the day they left Tacoma, and now Bob wondered what had happened. Perhaps Nixon has resigned, he said. Perhaps we are lost on the ocean, and the country is collapsing. "Today's topic is Watergate and its effect on our society," he said. "What do you think we can learn from it?"

Linda shrugged. Not overly interested in politics, the scandals contained little fascination for her. But she was willing to throw a coal on the fire.

"I suspect all politicians do it at one time or another," she said. "They just happened to get caught."

In part Bob agreed. Though he had opposed the Vietnam war, he considered himself a political moderate, certainly not a knee-jerk liberal who cried "fascist" at everything attempted by Richard Nixon. "I think," said Bob, "that Nixon did not know about the cover-up. The executive branch of government has eight thousand people in it, and I can't give Nixon the credit of knowing the machinations of the little men under him." Bob paused, looking at his brother-in-law. "What do you think, Jim?"

The subject could have concerned the eros centers in Hamburg for all it interested Jim. He grimaced in response. "I have no thoughts at all about politicians," he said. "They're corrupt, they're worldly, they don't really matter to me. I've never even voted."

"Never?" asked Linda, incredulous.

"I'm not represented by politicians," he said. "I am represented by the Lord."

"What *does* matter to you, Jim?" asked Linda. "I don't mean this rudely, I really want to know."

Accepting the question, Jim was quiet for a few minutes, putting his thoughts in the best possible order. He seemed grateful for the invitation to explain himself.

"My wife," he began. "My children. My family. You. Bob. And, most of all, service to God. I've wanted to be a missionary since I was a little boy. I believe the only thing that matters is to live the kind of life that God will approve of, and I pray that Jesus will raise me into heaven when He comes again."

"And what or when is that?" wondered Linda.

"The date is unknown," said Jim. "But the end is near."

"You're not the kind of people who sit on a mountaintop and wait for the end of the world, are you?" said Linda.

Definitely not, said Jim. The Adventist church was formed by people who believed, through examination of biblical dates and prophecies, that Jesus was returning to earth in 1844. But when the Second Coming did not materialize then, further theological research by Adventist scholars determined that Jesus moved into a holy place in 1844, where he has since been studying the books of every soul who ever lived on earth. When that task is completed, Jim explained, then Christ will come again, opening the graves, raising the sanctified to heaven, leaving the others to hell. It is not so much fire and brimstone, this hell, but denial of paradise.

"Will only Adventists go to heaven?" asked Linda with unconcealed fascination. No, answered Jim. Others would gain admission to God's kingdom. But Adventists, he made clear, held priority tickets.

Having listened quietly to Jim's sermonizing, Bob prepared himself. He felt it was now necessary to interrupt. He would not tamper with Linda's stirrings, whatever they were, for he considered man's right to think and question and determine for himself to be the most sacred of abilities. But before he would witness his wife's foxhole conversion, he wanted her to have another point of view.

"But don't you think," questioned Bob, "that a person can be a good Christian—can lead a moral life, can be saved—without belonging to formal church?"

"No!" said Jim firmly, but his negation dangled, his sentence was incomplete. More would surely come. The stirrings of new tension leapt up between the two men as they half-sat, half-lay on their rope beds, shoulders hunched and heads bent to avoid the ceiling above them. An awkward place for a face-off, an unreal setting for a duel of souls.

Crouching against the wall to watch the men and hear them out, Linda drew the sheet tighter to her nude body. Not until her legs and thighs healed from the sores could she bear to wear clothes again. She waited. Turning, Bob looked at his wife, seeing the dark shadows arcing like quarter moons beneath her eyes, eyes deeper set now in a face become gaunt. She weighed perhaps ninety pounds, twenty less than the day they set sail.

This is an impossible position, Bob thought. I must challenge Jim's beliefs, I must expose them, yet I cannot destroy them because my wife wants to know them. Linda is concerned for her immortal soul, she is terrified of the unknown, she will accept any hand that is held out to her.

Even Jim's.

11

WITH THE SUN at full strength, Bob could not trust his temper. It would be better to delay the confrontation. The grievances he held against Jim might enflame in the passion of a midday argument.

"This is getting a little heavy," said Bob. "Let's table the subject. Besides, we've run way over the discussion hour. Almost noon. Time for games."

Jim fell back on his bed and stared at nothing above him. "You know I can't play games on the Sabbath," he said. "This is my holy day, no matter where I am."

The memories raced again within Bob, for he had heard these words before. They had dominated his childhood. Saturdays were suspended in time, the tractors were stilled, the mules dozed unworked, the toys rested forlorn. "This is God's day!" commanded his father, when Bob had begged for permission to play with the other children, those to whom Saturdays were crowded with discovery and adventure and laughter.

It had seemed then that his religion actually stole two days of his week, for on Sundays, when the Methodists and Baptists and Catholics marched to church in scrubbed pants and starched shirts, Bob was alone again. Sunday, according to his religion, was just another day, the first of the week, not the last.

In the silence of Jim's refusal, Linda lay back on her bed. The quiet hung as oppressivly as the heat. When there was nothing to hear but the murmurs of the sea, the condition of loneliness could grow malignant. Bob could not risk breaking the daily routine and inviting despair only because it was Saturday. Hurriedly he thought of some way to fill the hour with an activity acceptable to Jim's code.

He thought of one. "How about this instead?" said Bob, pseudo-enthusiastic. "You wouldn't object to a game based on the Bible, would you, Jim?"

And what would that be?

"Well, one of us has to think up a Bible character or situation, and the others ask questions about it. Whoever guesses gets to think up the next one."

"You guys would have the advantage over me in that," said Linda.

Bob disagreed, trying to kindle interest in his new creation. Linda had gone to Sunday school probably as often as they had. She could remember as many characters and plots as they.

She brightened. "Okay," she said. "I have one."

"Is it Old Testament or New Testament?" asked Bob.

Linda pursed her lips. "Old."

Jim, suddenly interested, raised on his elbows. "Before or after the flood?"

Now Linda made a frown. "Hmmmmm," she said. "Neither."

Jim laughed. "Is it Noah's Ark?"

Linda shrugged. "I guess it was pretty obvious," she said, brushing a hand against the wall of the *Triton*.

"You see," said Bob. "It's fun. But they should be a little harder. Jim?"

Jim shook his head. He was not yet committed to the game.

"Then I have one," said Bob.

The interrogation began again. Questions from Linda and Jim narrowed the subject down to a woman in the Old Testament, but after half an hour, she remained unguessed.

"Give up?" asked Bob. The others nodded. Jim a little annoyed, for he considered his Bible scholarship to be excellent.

"Mara," said Bob.

"Never heard of her," said Linda blankly.

Even Jim looked puzzled. Bob moved quickly to elaborate. His subject was originally named Naomi, until she lost her husband. Then she chose, as was custom, another name. "Naomi took a name that expressed her feelings. Mara means grief, or sorrow."

The revelation fell heavily on the other players. Bob realized that grief and sorrow were not the best subjects to introduce. But, then, their plight inside the capsized boat was so almost Biblical that most any theme could be affixed to their desperate situation.

In a few moments, Linda put forth Adam and Eve, which the men quickly guessed, and she followed with the miracle of loaves and fishes, which restored the game to a lighter plane, particularly when Linda jested mischievously that perhaps Jim could pray over their sardines and make the cans multiply. Only Linda could get away with such flippancy.

The game stretched until the late afternoon when the sun relaxed and the chamber cooled. It worked, Bob's invention, even though he guessed most of Jim's characters, even though he stumped the others more than anyone. It became quickly apparent that Bob's theology was stronger than Jim's, even though he had renounced the church and no longer permitted its characters to shape his life.

"It's almost dinnertime," said Bob. "Let's quit." He wanted to prepare a new milk shake for Linda and put new salve on her sores. In a few days, if the salve did not run out, they would be healed.

But Jim had one more situation. "Wait," he said. "One more."

"Is it Old Testament or New?" asked Linda, for she was now familiar with the narrowing process.

"Old," said Jim.

"Before or after the flood?" asked Bob.

"After."

"During the time of the kings of Israel?" said Bob.

"No."

"Before Egyptian captivity?"

"Nope."

"During the time of the Judges?"

Jim frowned. "Yes. But I warn you. It's hard."

"Is it Joshua?" asked Bob.

"Nope."

Linda raised her hands in surrender.

"Did it involve a man of God?" asked Bob.

"Yes."

"Were there other people involved?"

"Yes."

Bob tried to put everything together, turning the pages of the Bible in his mind. He snapped his fingers in discovery.

"I know. Was it a prophet?"

Jim nodded.

"Elijah?"

"No."

"Then it must be Elisha. I always get them mixed up."

Jim nodded again. "But I want more than just Elisha."

Linda backed away. "I can't help you, honey," she said. "The only thing I can think of are the walls of Jericho and that was Joshua."

A smile came over Bob's face. "Could it be when the bears came out of the woods?" He nudged Linda lightly, so sure was he that this was Jim's subject. It would be a clever allusion to Linda's anecdote about the bear and the bell and the whistle.

"Afraid not," said Jim, folding his arms in no small pride across his chest.

Bob mused aloud. "I can't think of a single other thing Elisha did. Tomorrow I could probably name twelve."

"Give up?"

Bob nodded.

"Do you remember," asked Jim, "when Elisha was building a boys' school, and an ax head flew off and went into the water?"

"Vaguely."

"Well, everyone was in despair, for it seemed the work could not be finished. And Elisha prayed. He prayed and he prayed and suddenly the ax head rose from the bottom of the river and floated. They got it and put it back on and finished the job."

Linda applauded lightly, Bob joining her in congratulations.

"Do you know why I think that story is important?" asked Jim.

"Tell us," said Linda.

"Because," said Jim, "it shows the power of prayer. It demonstrates to us how faith and prayer can work miracles. Elisha believed and God caused that ax head to float."

Leaving his sermonette behind, Jim hoisted himself through the hole and went topside. Usually he tried to absent himself when it was time for Linda's salve applications.

That night Linda prayed before she slept. Bob could not hear her prayer, but he could feel her lips moving rapidly and silently as her body trembled. He wondered if she trembled from illness or from newfound fear of the Lord.

On the morning of August 1, Bob carved the date on the calendar beside his bed. Then he put down his knife and listened to the sea. Rarely did he go outside anymore. It was his belief that he could best conserve his energy by lying still. And, of course, it frightened Linda when she was left alone.

Today the winds must be at least fifteen knots, he estimated, and they were erratic again. Ninety per cent of the time the winds came from the north and west, giving Bob daily hope that the *Triton* would sooner or later run into shore. But if they ever turned and blew steadily from the east, then the *Triton* would be expelled deeper and deeper into the Pacific.

"How many days?" asked Linda weakly. She had slept well past the 7 A.M. wake-up, but Bob had not disturbed her. She was sleeping more and more.

Quickly Bob scanned the calendar. "Today begins the twenty-second," he said, kissing her gently. A bluish cast had come over her skin, and the blood vessels at her temples threatened to push through the taut skin. During the nights, when she complained of her fingers being cold, Bob placed her hands under his armpits to keep them warm and often rubbed them to stimulate her flow of blood. Then during the days he held her fingers in his mouth; they were ice.

Picking up the water jug, Bob poured Linda a morning swallow. The water supply was going quickly, for she required more and more. At first Bob had sacrificed half of his daily cup to his wife, then he asked Jim if, in addition, they could increase her ration. Immediately Jim agreed. Now Linda was drinking from three to four cups a day. On this morning, there were but five gallons remaining from the thirteen discovered in the outrigger. But a pinch or two of powdered milk remained. The eggs were gone. Linda's milk shakes would be impossible to prepare within the week.

Since both men knew that Linda was failing, Bob worked harder to combat the gloom. Daily he tried to introduce new games. At night he would lie awake, desperately rummaging through ideas, hoping to hit upon a situation he could turn into a game to make the morning hours less long, less silent. One he devised was called Wedding Gifts. It excluded Jim, but he spent more and more time topside anyway, looking out at the empty seascape. In his absence, Bob thought up a certain wedding gift, then challenged Linda to determine its identity, who gave it to them, and where it had been placed in their house. Enchanted by the memories, Linda liked the game best of all, playing it for hours, sometimes falling asleep in mid-interrogation, then coming to and resuming her questions without knowing that she had gone limp in Bob's arms. Over and over they guessed the set of stoneware and the hand-carved teak fruit bowl and the tie-dyed wall hanging from Africa, and the braided rug her parents had given them.

Once, when they had momentarily run dry of gifts to remember, Bob began to talk of the piece of land they owned outside of Kelso, Washington—three acres of heavily wooded land, on the side of a hill, with a view of the college town and the river that threaded below. They would build their dream house there when they returned. It would be of rough-hewn timber and shakes, with interior walls of stone and wood. As naturalists they were committed to preserving the character of the site so they had agreed not to cut down the trees necessary for a yard. Their house would be settled among the trees as a member of the forest, not an intruder.

When Linda stopped talking for a while, Bob permitted her a brief meditation. Then he broke into her thoughts.

"What are you thinking about?"

"I was just arranging furniture in the house. I have every room all planned."

Realizing that the dream of their house sustained Linda better than any of their talk or games, Bob found a piece of styrofoam and quickly whittled a rough model. When that was done, he pulled off a bracing beam from the *Triton* and began to carve the model in wood.

As she watched the rooms emerge from the block of wood, her dulling eyes brightened. She reached out to touch the house, and Bob let her hold it. Later, as he worked, Linda began considering an architectural problem that had been of concern to both of them. They did not want to cut down trees for a yard or a patio, but how would they create an outdoor area with lawn furniture and a barbecue pit, a place to watch the sunsets?

"I've got it," she finally said weakly. "Couldn't we build a deck on top of the garage and put in a funny spiral staircase? It would work, wouldn't it, Bob? Couldn't we do that?"

Bob immediately agreed. Privately he had no idea if the garage could support a deck, but he would not extinguish the faint light that danced in his wife's eyes. For he knew, as he carved, as he held her, as he struggled to sustain a pleasant face when within him there was fury and fear, he knew that unless rescue came soon, the time left to Linda could be counted in days, if not hours.

12

A YELLOW-FINNED TUNA, weighing perhaps thirty pounds, swam into their chamber the next morning, idling beneath the rope beds in what appeared to be curiosity. Seeing the great fish, Bob lunged for it, almost rolling off the bed in a vain attempt to seize it with his hands. But the tuna flicked its tail and darted easily out of reach, streaking to freedom out of the central hatch cover.

Previously the men had spent several hours trying to catch the tiny silverfish that swam by the thousands in schools about them. Perhaps these were the bait that lured the tuna into the bedroom. But even with makeshift nets and seines rigged from pieces of cloth, not a single one was caught.

In his explorations immediately following the capsizing, Jim had found a spool of 150-pound test fishing line, and half a dozen metallic leaders with tuna hooks. He had affixed the hooks to the line and thrown them eagerly into the sea, with no bait. Promptly a ferocious strike from an unidentified sea creature almost tore the line from his grip, but as he struggled to stay with the fish, the cord went loose. The fish had snapped the leader. Tying another leader on more securely, Jim tried once more, only to pull in the same empty line. He kept trying until all the hooks and leaders were gone, and all that remained was the cord. That had been three weeks ago.

"I wish we could catch that tuna," muttered Bob, imagining the supply of fresh meat, liquid, and protein for Linda.

Jim had been sleeping when Bob made his lunge, and now he turned on his side, peering into the water lapping at his mattress. He watched silently for a time, then he suddenly sat up with an idea contained in his expression. "The antenna!" he said, climbing through the hole and working his way to the submerged cockpit of the *Triton*. In a few minutes, Jim dropped back into the chamber, carrying the radio antenna. About five feet long, it resembled an automobile whiplash antenna.

Jim asked for the file. Bob kept it under his mattress, daily honing his knife for carving.

As Jim began working on the antenna, Linda stirred, waking suddenly with a startled look. During the night she had screamed again, waking Bob and in her hysteria insisting that the *Triton* was disintegrating. As he always did, he rocked her back to sleep, murmuring protection and love.

"Good morning," said Bob cheerfully. "Jim's promised to catch us some breakfast."

Holding up the antenna, Jim showed how he had quickly filed one end into a razor-sharp point. It had become a slender makeshift harpoon.

Linda looked at the harpoon, then asked suddenly, "Where are we?"

Bob grew worried. Had she lost her sense of time and place? "What do you mean?" he replied. "We're still on our vacation cruise."

"I know that," she said, smiling normally. Her rationality was very much intact. "I mean, approximately *where* are we? What part of the ocean?"

Bob's guess, and it was little more than that, would position the *Triton* somewhere off the coast of southern California, perhaps out from Santa Barbara. Linda nodded, digested the information, and then spoke authoritatively.

"I read a book on fishing in the waters of the West Coast," she began.

"Of course you did," said Jim, continually struck by the thoroughness of her life.

"The book said there are sea bass in these waters, giant ones. They get up to seven hundred pounds."

"That's encouraging," said Jim. "I'll make the point a little sharper."

Linda giggled. "Catch us one of those seven-hundred-pounders, Jim. That should do us for a while."

"What would you do with it if Jim got one?" said Bob.

"Well," said Linda impishly. "We could eat just its ear."

Dressing in his scuba suit, Jim took the harpoon and dropped into the water beneath his bed. He would try his handmade spear here before using it in the open sea. As he disappeared, Bob and Linda leaned off their mattress, watching the murky water. Several times within the next half hour Jim emerged, grabbing air, shaking his head negatively, plunging down again. Then, suddenly, a dozen feet from their beds, the water began to churn. Jim came up thrashing, trying to lift his harpoon above water. But it was bent in half, like a bamboo pole. Presumably Jim had hit an enormous fish, one which was struggling to expel the antenna buried in its flesh.

Clapping excitedly, Linda cried encouragement. "Stay with him!" Bob crossed his fingers, hoping, hoping.

The battle endured for another minute, Jim forced to dive again and follow the creature toward the bow hatch. Then the water stopped churning. Jim surfaced, ripping off his mask in disgust. He had even lost the harpoon. "I had him good," he said, climbing wearily onto his bed and breathing hard. "But the copper wire inside the antenna started unraveling." The harpoon had disintegrated in Jim's hands, and the fish finally yanked it away, fleeing through one of the open holes in the *Triton*.

The three sat silently and dejectedly for a long while until Linda broke the morose spell. "Somewhere out there is a very funny fish," she said, and all managed to smile at the image of the creature trailing a long copper antenna wire.

The flurry over the lost fish soon wore Linda down, and she fell back into bed, her body racked with dry coughs and the rattling noise that had become so familiar to Bob when she had trouble breathing. Now he felt it best to cancel the morning talk and games so she could rest.

But Linda would not have it. She wanted the discussion hour this day.

"Okay," said Bob. "What'll it be? Politics? Tolstoy? Wedding gifts?"

"A new one," said Linda. "It's called People."

"People?"

A simple subject, explained Linda, but one that could well occupy them. The point was for each of them to roam through their lives and remember people whom they admired and to tell why.

Instantly Bob understood. Even though Linda could not bear to look at her face in the mirror anymore, she knew how ravaged it had become. She knew her condition was desperate, and she did not want to die without saying a figurative good-bye to those who had enhanced her life. Today she would line them up and embrace them all.

"That's an interesting subject," said Bob. "You want to start?"

Linda shook her head. No, she wanted Jim to be first.

Still angry at losing the fish, Jim was not in a mood for games. But he recognized that Linda's need must be attended.

"Okay," he said. "People. Wilma, first of all. She's the most wonderful woman a man could wish for. She works so hard, she never complains, she keeps a good home. She's given me two children, and there'll be another one if—when we get home."

Then he stopped. Jim was not adroit at description. Moreover, the memory of his family and the expected child made his eyes cloud. He turned his face away.

Linda prodded him gently. "Go on," she said. "Where did you meet her?"

"At college," he replied. "We were both working in the cafeteria. She was on the food line, I was sort of a clean-up boy. I noticed her and I got up my courage and I asked her out and fell in love with her and we got married and I've never regretted a second of our life together." Thus delivered of his instant biography, a smile crossed his face. "I remember one more thing. She told me her parents were from Russia, so I wrote my parents and told them I was going out with a Russian girl. But don't worry, I told them. She doesn't look like Mrs. Khrushchev. Wilma has never let me forget that."

Abruptly Jim terminated his talk and he rubbed his eyes. When he spoke again, he fought against sobs which threatened to break. "I—I just wish I could tell her right now . . ." he said haltingly.

Linda reached across and touched his arm. "You are telling her, Jim," she said. "Wilma knows. She feels your love this very moment."

How excellent is this woman, thought Bob, as he watched her console the strange man who was his brother-in-law. Here she is, trapped in an upside-down boat, wasting away, hungry, thirsty, gravely ill, and she reaches out to comfort a man who is distraught because he cannot be with his wife.

"Bob?" Linda turned to her husband, indicating that it was his turn. Had he yielded to temptation, he would have spent the hour if not the day telling Linda of his love for her. But he would save that for the next time Jim went topside, when they were alone, in each other's arms.

"Let's see," said Bob. "People I admire." Quickly he listed several—a horticulturist and his wife at whose home he had boarded during college, a teacher who had challenged and inspired him, assorted friends, relatives, brothers, sisters. With each new name, Linda agreed enthusiastically, for she had heard her husband speak favorably of them before. Hearing the names on this morning contented her.

Bob paused. "And my dad, of course."

Looking up, Jim appeared surprised. "You told me once that the two of you were never very close."

Bob shook his head. "No, I didn't mean that. There was a long time when I didn't understand him. When I was a little kid, I looked up at him and all I saw was this very hard man, a disciplinarian. He plowed the fields, he stored the hay, he expected me to sit on a tractor without complaint for ten hours a day. He set the pace, you see, and he felt a kid should keep up. There didn't seem to be much else in his life. Hardly any humor. He slept a little, he worked a lot, he went to church, he prayed, he tried to put God into me and my brothers and sisters. I guess I felt he was a cold, emotionless man who didn't care about me very much."

Jim understood. His own father was from the same hard-working, God-fearing mold. And Jim himself, though displaced from the country to the city, held much the same values.

"What made you change your feeling about him?"

asked Linda. She knew the answer, but she wanted to hear it again.

"You," answered Bob, gazing at his wife with tenderness. "And Mother Russia."

The story began pouring from him. After he decided not to pursue the ministry in the Adventist faith, after he decided to go even further and resign formally from the church, there ensued four or five years of coldness with his devout family. Only on two or three occasions during these years, for less than an hour each time, did he even speak with his parents. And these difficult moments had been filled with their exhortations for him to reconsider. Always Bob refused, always the farewells had been chilled. Discomforted, he worried about the estrangement. But even exile from his family would not change his decision to live outside the church.

When Bob met Linda and proposed marriage, he felt it necessary at least to introduce her to his parents.

"Dad's face just lit up," said Bob, happy in the recollection. "I don't think he had ever seen anything so pretty." Shortly after that, Bob had an idea. He and his bride-to-be had decided to go to Europe for their honeymoon, a journey of several weeks. They had thought about including Russia in their itinerary. Would his parents like to join them? Both had been born in Russia, both had left as small children, neither had ever returned to the soil of their birth. They would enjoy such a trip, thought Bob, and perhaps the wounds could be healed.

"Well," Bob went on, "much to my surprise, Dad jumped at the chance. We had the marriage. It was beautiful; Linda and I flew immediately to Amsterdam. There we rendezvoused with the folks, who had come over separately." In a Volkswagen camper which Bob bought there, they all drove to the Russian border in Finland.

"The first thing we saw was this big sign in several different languages, very clearly warning 'Do Not Get Out of Car.' Well, Dad was so excited at finally setting foot in Russia again that he jumped out and began jabbering at this guard. When the guard answered him, Dad turned to us and cried, 'Imagine that! He speaks Russian!' Dad started telling the guard all this news—how he had left Russia as a kid, how he grew wheat and cattle in North Dakota, how he had always dreamed of coming back someday. The guard just stared at him, totally perplexed, a little happy at Dad's elation, but annoyed that the rule was being broken. Finally he just pointed, sternly, at the warning sign. Dad read it again and got back in the car, still talking, not the least bit sheepish."

As he reminisced, Bob picked up the scale model of the house and began to carve. Linda moved closer to him, finding warmth in his work and his story. Her eyes closed now and then, and she would come to suddenly, with a start, but she wanted Bob to continue.

"Well," he went on, "it was just like a kid going to grandma's farm. You've never seen such juices flow in a man."

"Tell Jim about Boguslav," said Linda.

"Jim's heard about Boguslav," said Bob. "Wilma told him. They tell the story at family reunions."

"We've all heard about Boguslav," agreed Linda. "But I want to hear it again. I'm the chairperson of this hour."

"Okay. Boguslav." At Kiev, Bob and his father had

inquired about making a side trip to the village of Boguslav, where the older man had been born. It was possible, said the Intourist guide, but it would require an official escort and a chauffeured car. The price: one hundred dollars.

Outraged at such capitalistic greed in his mother country, Mr. Tininenko drew his family aside and said he had a better idea. He ushered his clan onto a public bus, and, for fifty cents, they all rode happily to Boguslav, unescorted.

"When we got there," said Bob, "it was like the homecoming scene out of a novel. Great throwing of arms around everybody, kissing, feasts, vodka toasts—my head still aches when I think of all the vodka I threw down. Dad doesn't drink, of course, being an Adventist, and he would only play like he was sipping, then slip the glass to me. Dad ran all over the village—he must have inspected every inch of it. I remember him exclaiming at a pear tree that he had planted as a child, a tree now fifty years old. It all became a jumble of laughing and crying and singing. Dad seemed to know everybody in the village. It was as if he had never gone away.

"I remember most vividly when he stooped down and let the earth run between his fingers. His face was shining. It was the most *alive* I have ever seen a man. At that moment, I finally understood my father. He's Russian, a real Russian. He's from another culture, a culture where you spring from the land of peasants, where you do as you are told, where tradition is all, where one obeys the will of the elders. All those years I was bursting out, trying to be as American as I could be, a little ashamed of my Russian name that nobody could pronounce, all those years of not understanding my father. Well, I like him now. I'm just sorry I didn't learn about him sooner. We've been great friends ever since."

Bob stopped and drew in his breath. He had talked longer than he ever had. But he remembered another detail. "This little one—" he said, looking at his wife, "Linda was the biggest hit of all. She learned a little Russian and she flat stole their hearts. Particularly the dirty old men." Linda laughed at the memory of the village elders bringing her flowers and bowing before her.

When it was her turn to present a list of people she admired, Linda began with a worry. There were so many, she said, that she feared she would omit someone important to her. But she would try. Her sister. Her father. A childhood friend named Keith who at eight had had an astonishing vocabulary. Many friends that Bob had mentioned. "And my mother," she said.

In fits and starts, in a dry voice, in thoughts that wandered like those of a very old person, Linda spoke emotionally of her mother, how Hisako fell in love with an American she met at a dance in Tokyo in 1946, how they defied parents and authorities opposed to East-West marriages, how her father brought his new wife to Pennsylvania in 1948 because he was afraid to take her to his home state of Montana with its laws against such marriages. She told of how her mother struggled wtih English, how she adapted to life in a trailer park with a common washroom while her husband studied agricultural chemistry, how she kept a splendid Japanese ceremonial gown and obi in a box whose wood she rubbed with scented oil. "My mother went through more than most women can imagine," said Linda, "because she loved a man. I understand that."

By the end of her story, Linda was crying, and Bob held her, enraged at his inability to do anything more for her.

At the dinner hour, Linda lacked the strength to eat the bites of vegeburgers that Bob mashed carefully and tried to place in her mouth. All she could take were a few sips of water before she fell asleep, translucent lids falling across her faded eyes. Within an hour, she began to moan, and when she woke, she told Bob with enormous shame that she needed to void her bowels. None of the three had passed a bowel movement since the capsizing. She thought she would feel better, she said, crying in mortification, but she simply could not evacuate. Bob reached into Linda's anus and forced out a hardened feces the size of a baseball.

"A few days ago," said Linda the next morning, August 5, the twenty-sixth day of their existence inside the capsized trimaran, "you were going to tell whether a person can be a good Christian and be saved without belonging to a formal church." As she spoke to Jim, her voice was stronger. In the depths of her agony, she had found unused resources. With salt water she scrubbed her face, and then Bob brushed her hair, worried that she would notice the places where tufts were falling out.

Now Bob stiffened at her request. "Let's not go into that this morning," he said. "I feel like singing some songs. Where's the harmonica, Jim?"

"Please, Bob. Let him answer. It's important to me."

Jim nodded. He had been waiting for the time when he could speak again to Linda of his God and his faith. "I feel," he began softly, "that if a person knows the truth—and the truth is the teachings and precepts of the church—then that person must live by the church. And it is almost impossible to live by that church without attending it regularly. You must! Because there and only there do you find the same kind of people, good people, Christian people, leading Christian lives. We encourage one another. We gain strength from the minister's leadership, from his preaching, from his prayers, from our study of the Bible. These things get us through the week. They prepare us for the last days of mankind, which are surely near. They lead us to justification and, finally, to sanctification."

Bob interrupted, cutting in sharply as he had done so often in his life when he felt it necessary to challenge a presumption.

"But, Jim," he insisted, "you can do these things without ever setting foot in a church, even your church. Life can't be as narrow as your church wants it to be."

"You're wrong," replied Jim. "My life isn't narrow. My life is rich. And full. And it will be joyful beyond imagination when Jesus comes again."

Bob shook his head in frustration. He was chipping marble with a toothpick. "I know people as pious as you," he said, "and they don't belong to a church. Yet they lead exemplary Christian lives."

Perhaps, said Jim. But he knew nothing of such people. Nor did he want to know them. All he needed was the church, the fellowship, the nearness of Christ. "I am lost without it," he said. "I am naked without it."

Moving his eyes away from Bob, Jim stretched out his arms to Linda. "I pray for you, Linda," he said.

"Let her alone," Bob said hotly. "Can't you see she needs rest?" He drew his arms around Linda again and helped her lie back. She fell asleep quickly, her breathing once more in rattles and gasps.

When she awoke, she cried out Jim's name. He answered quickly.

"What is sanctification?" she asked.

Sanctification, he said, is obedience to God's holy word and law. Sanctification is a life led in pursuit of the truth. Sanctification is faith in Christ and the spirit of humility.

"Please, Linda, try to get this down," Bob pleaded, holding the spoon of food before her face. If she would only eat, he reasoned, then she would draw enough nourishment to last a few more days, enough to sustain her until rescue came. They could not be more than an hour from one of the best hospitals in the world. He cursed the irony.

"I can't." Linda pushed away the spoon.

Bob put the food into his own mouth and chewed it to the consistency of mush. Then he kissed her, transferring the food to her mouth. She worked her jaws feebly.

"Did you swallow it?" he asked.

She shook her head weakly.

"Then spit it out."

Linda tried to expel the tiny portion of food into Bob's cupped hand.

He took the water jug and filled his mouth, bending down to transfer the liquid from his lips to hers. She swallowed, coughing.

She slept again.

But when it was almost dark in the chamber, when only the faintest of mauve and burnished gold shadows lingered across them, Linda raised on her elbows. Suddenly she seemed cheerful, the ebbing light of dusk dancing in her eyes.

"Why don't we go to McDonalds," she said. Bob began to laugh at her bad joke.

"I want a Big Mac," she prattled on. "On second thought, I think I'd prefer chicken. That's it! Let's go down to Colonel Sanders' for some Kentucky Fried Chicken." She drawled the name in an accent of magnolia and moss.

"What turned you on so fast?" asked Bob, both pleased and amused at her air. But when he shifted near to her, he saw the fixed blankness in her eyes. She stared not at him, but through him, to a private world of her own. Quickly she began to cry for a lost doll, and she railed at Bob for taking it from her and hiding it in a secret place. She began to strike him, screaming, crying like a distraught child.

Bob accepted the soft blows at his chest and shoulders, weeping as he did. What more could a man do when his wife was going insane as she lay beside him.

13

FOR HOURS LINDA RAVED on like a modern Ophelia, twisting her fingers in her hair, dancing with a macabre gleefulness across the sweet parts of her life. Her dementia became almost unbearable to Bob as she played another version of their game. But rather than speak objectively of those who had brushed her life, she found them in terrible fantasy, like figures seen through shattered glass, screaming in tantrums at childhood playmates, cooing at dolls and scolding them in imaginary anger, imploring her mother to let her dress in Japanese robes, swearing to eat her vegetables, and, most painful, fury streaking across her like lightning, shrieking at Bob and Jim for hurting her and trying to murder her.

His face buried in his mattress, Jim cried out a muffled plea to Bob. "Can't you stop her? She's going to hurt herself."

Sadly, Bob shook his head. "What can I do? As long as she isn't violent, I can't do anything."

Near midnight, exhausted, she fell asleep. And when she woke, it was as if nothing had happened.

"I was asleep, wasn't I?" she asked. Bob nodded, grateful that she had returned, if only for the moment, from the dark recesses.

"Are you hungry?" he asked. Perhaps if she would eat, then the cells of her brain would be fed and restored and their deterioration eased. Linda shook her head.

"You haven't got a can of peaches or a watermelon, have you?" she asked, almost merrily. "That's what I was dreaming about. If you could have anything in the world to drink right this minute, what would you choose?"

Instantly, Bob replied, "An Orange Julius." He thought on this for a minute. "The funny thing is, I never even liked Orange Julius. But I've been thinking about one for days. After they rescue us, when I get back to teaching, I'm going to have a thermos jug full of Orange Julius at all times and carry it to class."

"I think I'd like a glass of iced tea about the size of a bathtub," said Linda, "with lemon and sugar and a piece of mint. With peaches and watermelon floating in it." She yawned and stretched her arms. They were so thin now that Bob could form a circle with his thumb and index finger and fit both of his wife's wrists inside. Bob guessed that she weighed scarcely seventy pounds.

For the rest of the night, Bob dared not sleep, fearful that Linda would stop breathing again. He kept his hand lightly resting on her heart, feeling it labor. But reassuringly it rose and fell until dawn when she began to stir restlessly.

Bob took a cloth and damped it with precious fresh water. He noted that it was the beginning of a new gallon —one of three left. As he rubbed the cloth across her parched and cracked lips, Linda awoke and smiled. "Is that the best you can do?" she said, and Bob, his troubled face but inches from hers, bent down for a kiss.

"Can we take that off?" said Linda, gesturing to the piece of wood that covered the exit hole. Quickly Bob removed it, and the light of dawn flooded the compartment. He helped her move a few inches on the bed so that she could see the morning and feel the flecks of mist from the sea.

"I'd like some milk shake now," she said.

Bob shook his head in despair. "There isn't any more," he said. He poured her a cup of water and held it to her lips. She sipped, most of it trickling down her chin.

Jim had put on his scuba suit and excused himself. He said he wanted to go topside and check in the outriggers for any provisions that might have been overlooked. That was his announced mission, but he tactfully realized that Bob and Linda needed these hours together.

It was to be the longest morning of Bob's life. He tried to play the games, but for the first time Linda was too weak, too disoriented to join him. "Come on, honey," he said, over and over until he, too, was weakened, "I've got a word. Now you have to guess it. A five-letter word. I'll give you a hint. Ask me if there are any *c*'s."

"I can't, Bob. I can't think straight."

"Okay. I'm thinking of a wedding gift. What is it? Where is it? Who gave it to us?"

Shaking her head weakly, Linda closed her eyes. Bob scooped her frail body in his arms and lifted her. "Please, hon, it's the game hour. You can't sleep now. You know our rules. Now come on, I'll give you a hint. It's a gift from Japan . . ."

A spasm shook her body.

"Remember? That snow scene your uncle painted for us? We're going to Japan next year, I promise. . . ."

Frantically Bob raced through his mind, searching for something to rouse her.

Linda opened her eyes. They had no color. "I'm afraid I'm pretty sick, Bob. I don't feel well at all. I can't breathe . . . I can barely talk."

All right, then Bob would talk. Nonstop. He wrapped her in a blanket of memories—the tea cozy they bought in Leningrad that looked like the ballerinas at the Kirov, the antique sideboard they were stripping down and refinishing, the breakfast of wild blackberries growing on the slope of Mount Rainier, the foot of fresh powder they broke with their skis on a cold February morning, the bicycles, the time in Hungary when Linda had no coin to pay the toilet attendant and emerged from the room running, a fierce matron in pursuit.

At midday, Linda rallied for a few minutes. Now she wanted to talk. Bob had to place his ear to her lips to hear her fading whispers. Friends in their college town were having marital difficulties, were on the brink of divorce, and she asked Bob to be their conciliator. "Tell them it is my last wish that they resolve their problems and stay together. Life isn't meaningful without someone to love. . . ."

"Don't talk about last wishes, Linda. That's silly." Bob picked up the half-finished carving of their dream house and held it before her eyes. "Where do you want the washer and dryer to go?" he asked. "I could put the outlets in the garage . . ."

"I'm serious, Bob. . . . Unless rescue comes pretty soon, I'll have to go . . ."

"No!" Bob pressed his head against her breast and refused to break down in front of her.

"Haven't we had the best marriage?" she said. "I'm so sorry it has to end this way . . ."

Bob raised his head to look at her. Now it was beyond deception. The truth must be faced. She simply had no more resources to stay alive. "I'm sorry, too," he said, his tears falling freely. "I do love you so."

She began to talk of her father, how she was concerned that he was growing stale in early retirement, that he had few interests to stimulate him. She remembered Jim's telling of the tropical fish. "Maybe you could talk Dad into raising fish," she said. "I think he'd like that. . . . And Mother could make the most beautiful Japanese aquarium . . ."

Suddenly she stopped talking. She fought for air. "I can't breathe," she said, frightened.

Bob threw his head to hers and blew air into her mouth. For half an hour he worked until her chest began to move, almost imperceptibly. When her eyes finally opened, they could not focus, rolling about unfastened in their sockets.

"What time is it?" she asked.

"Around one, I think."

She blacked out again, and Bob gave her mouth-to-mouth, until his own lungs were bursting and his lips aching.

Dizzy, his own consciousness beginning to dim, Bob called to Jim, still outside, looking for ships. "Can you help me with Linda?" he cried. "I'm scared."

Quickly Jim dropped through the hole and onto the bed and pressed his lips against Linda's, giving her a new supply of breath. Trembling, Bob fell back. He watched and turned his head, watched and turned his head.

Then he heard Linda whisper, "Am I sanctified, Jim?"

Jim lifted his lips from hers and nodded. "Yes," he said solemnly. "You are sanctified."

Bob could not let her die in another man's arms. He pushed Jim away. He resumed breathing for her, but she did not speak again. Her faced turned from gray to blue. Bob pounded on her heart, trying with his clenched fist to shock it into beating once more. But after a time, he raised his hand and said resolutely, "Linda's gone."

It was not Bob who screamed, but Jim. Raising his head, he wailed, the cry of an ancient moaning a death he did not understand. Lunging over her lifeless body, Jim clawed his way out of the cabin and up through the hole to the light. He stumbled across the *Triton*'s surface and fell into the cold shallow water that covered the separation of the main hull and the outrigger. Splashing, falling, holding his knuckles to his chest, he leaned against the submerged rail and he sobbed. The sea rose up gray and menacing against him, crashing waves to mingle with his tears. For half an hour he bent doubled over the railing, ignoring the waves that pounded him, feeling perhaps for the first time the enormity of his doomed voyage.

Below, Bob sat beside Linda for a while, stroking her cheek, touching her stomach, and wondering when the baby had died. Was it at the moment of her leaving, or had the child perished from malnutrition long ago? He had never possessed the will to ask, nor had Linda spoken of it.

But now he must be practical. Now he must decide what to do with her. Several things occurred to him. He could wrap Linda in the bedclothes and carry her to the outrigger and place her there, to wait for a rescue ship that would take her back to Washington for proper burial —on the wooded land where their house was to stand. But the day was August 6 and the broiling sun of summer would quickly cause decay. Nor could he bear the thought of Linda resting in death but a few feet away from him.

He remembered once, after attending a funeral, Linda had mentioned that she wanted the simplest of cremations, the kind where an airplane scatters ashes over the sea, and Bob had to promise to arrange that when she was old and gone. But how could he keep his promise now? How could he start a fire? And what would he do with her bones?

No, the only way was the most obvious way. He must drop her into the sea. But there was a problem, one that tore against his fragmented spirit. What if the body floated near the *Triton,* Linda's face turning toward him from her grave, haunting him forever? He shuddered. He must devise a way to weight her body before delivering her to the depths.

And then he remembered the anchor.

Linda's shroud was her parka, its hood closed to cover her face, and the sheet—secured by fishing cord—on which she had lain for twenty-six days. Around her, Bob tenderly wound the piece of rope that had bound them together on the morning the *Triton* capsized. He lifted her, marking the lightness of her body, and carried her up to the light. Then he took the anchor, fifteen inches wide, eighteen inches long, with a shaft extending down four feet, and placed it across her chest, like a crucifix.

He wrapped the anchor chains about her, turn after turn, long past the requirement of mere weight, until it had become a way to delay for a few moments what must be done.

Finally Bob dragged the bulky package that contained his dead wife to the edge of the *Triton.* Hovering behind, Jim stood helpless, not knowing if or how he should participate.

"No prayer," said Bob. "You understand?"

Jim nodded.

"Just think what you want to think."

Falling silent himself, Bob meditated. Then he began to hum, in a tone so private that only he could hear, the song "People." It had been Linda's favorite melody, and she had requested it played at their wedding.

When he was done, he knelt and placed his hands on the body. Jim said to him in solace, "You'll see her again, Bob. When Jesus comes and lifts us to paradise."

Breaking, howling in anger, Bob whirled. "No!" he cried. "This is all there is! There's nothing more!"

Hurriedly, Bob shut his eyes and pushed Linda into the sea. He had not intended to look, but against his will he opened his eyes and watched the suddenly choppy waters receive her, the fading light of dusk catching the metal of the anchor and the chains, plunging past the layers of blue and green and gray and, finally, black. Bending over, his face almost touching the sea, Bob watched until there was nothingness. Linda was a thousand feet beneath him.

He heard Jim begin to sing the "Doxology," and, for a reason he did not understand, he joined. The two men sang the familiar hymn of praise with vigor, their voices ringing out. Why did I sing that? Bob questioned himself when it was silent again. And why did I say "Amen"?

He could not rise. He seemed frozen, with no control of his limbs, as he faced the water. A thought came to him. He could join Linda. It would be easy, a relief, an act of love and sacrifice to just lean forward and tumble into her tomb. The water even felt warm to his touch, for the first time. It caressed him.

The advantages: He would not have to explain her agony and her death when he returned to shore. He would not have to answer the question, "But why are you alive when your wife is dead?" The wounds would never reopen. Nor would he have to continue to suffer the deterioration and bodily decay that was due him. His wrists were fast becoming as thin as hers. Why drag it out, why continue the belief that rescue would come? I am nothing, he reasoned, nothing but a passenger on a ship of death.

The disadvantages: He had lived before he met Linda, he would live after her. He could keep the memories of their years together. She would not want him to throw himself after her. She would have been outraged at the idea.

As the competing forces pulled at Bob, demanding attention on the stage of his consciousness, Jim suddenly cried out, a muffled, incomprehensible moan.

Bob raised his head.

Jim was pointing.

Bob's eyes followed Jim's arm, moving his gaze to the direction of Jim's finger.

Two cargo ships, smoke billowing from their stacks, bore down on them. Less than a mile away, unless their course changed they would run the *Triton* over.

14

WATCHING THE SHIPS creep toward them, silhouetted against the ebbing sparks of the August sun, Bob's first reaction was bitterness, a curse for the timing. Why couldn't the rescue ships have reached them yesterday, to save Linda before she died? Failing that, the least they could have done would have been to appear on the horizon but two minutes earlier, before he dropped his wife's body irrevocably into the sea.

But Jim considered none of this. Transfixed, murmuring gratitude to the Lord, he stood with arms outstretched, convinced that his prayers had been answered. God for His reasons had taken Linda, but His immediately sending the ships was divine revelation that He was not abandoning the two men.

The ships bore down so purposefully that there seemed to be a planned rendezvous. Perhaps, thought Jim, a plane flew over earlier and fixed our position and radioed our whereabouts to the searching ships. Perhaps, he dared to imagine, Wilma and the boys are on one of those ships at this very moment, leaning over the rail, beckoning. In moments he would see their faces. "Praise God!" he cried. "Thank you, Jesus!"

But the ships suddenly turned. It was as if two friends were walking a straight path together, only to say good-bye and strike out in opposite directions. And the *Triton* bobbed unseen between them.

A scream rose in Bob's throat and it burst. "They're not coming!" he cried. "Oh, please! See us! We're here!" Ripping one of the orange life preservers from the place where he had nailed it, Bob waved hysterically. He dashed below and found Linda's purse on the bed where she had so recently died and took it back up where he could flash the mirror at the departing ships. At the same time he blew energetically on a police whistle which he'd found in the purse.

Jim was bound to the place he stood, unable to move. He seemed incapable of anything but standing mutely as the ships steamed past them, one far to each side.

When there was nothing more to see, when the frail wisps of smoke had vanished in the west, Jim spoke confidently. "They'll be back," he said, "because the Lord sent them."

"They'll be back on their return from Tokyo," said Bob angrily. "By then who knows where we'll be."

"Then the Lord will send another one," said Jim. "There must be a reason why they didn't stop for us."

"They didn't stop because they didn't see us. We only

stick up a few inches above the water," snapped Bob. "Tomorrow we're going to spend putting everything we can lay our hands on, on top of this boat."

"It won't be necessary," said Jim.

"Then while you pray for us, I'll nail for us."

The two ships, even with their terrible disappointment, gave the two men something to think about during the night. And it would have been an unbearable night without their appearance. For the first time since July 12—twenty-six nights ago—Bob was alone on the narrow place, the scent of Linda tormenting him, his body curling automatically into a position to accommodate hers.

Most of his thoughts were of Linda—her last hours, her death, her burial—remembering her as he waited for a sleep that he felt would not come this night. But the vision of the two ships kept intruding, pushing Linda briefly away. Bob abused the intrusion to his mourning. But the ships sailed again and again across his eyes. One thing was certain, he figured. Because of them, he would not entertain suicide again. He would live until there was no more life within him.

Survival, he reasoned as he grew sleepy—much faster than he had imagined—survival is the most powerful of human instincts. In fact, it is the only one that really matters. Survival or death.

Early the next morning, August 7, Bob festooned the *Triton* with everything he could find to make her more vivid to potential rescue. The tripod of Jim's camera he fastened to the exposed bottom of the *Triton*. Then he changed his mind and turned the tripod upside down so that the three legs would jut into the air; perhaps the sun would bounce against one of the metal shafts. He nailed more orange curtains around the edges of the boat as gaudy trim. A piece of metal rod from the bow pulpit became a six-foot flagpole, flying a banner of plastic liner from the ship's head. Not satisfied, Bob seized the steering wheel where it rested under water and tore it away and fastened it to the top of the flagpole, secured with sixty feet of cable wound about like a barber pole. Finally, with Jim's help, the galley sink and stainless steel cooking plates were removed and fastened to the two outriggers as one more hope that exposed metal would send forth flashes in the sun.

As an afterthought, Bob picked up a duffel bag and some soggy towels and nailed them about the flagpole. Well, thought Bob, we now look like Dust Bowl exiles sailing to California.

By mid-morning all of the work was done, and Bob stopped, almost disappointed that there was nothing left to nail. The outburst of labor had exhilarated him. Now there was nothing to do but fall back in his bunk, where Linda had been beside him only yesterday. He had not waited for breakfast before his frenzy of activity, and he was hungry.

"How much food is left exactly?" asked Bob. "Let's take inventory."

Jim nodded, moving to the end of his bed where he kept the supplies. He called them out: "Almost three cans of sardines, about one half a jar of peanut butter, one pack freeze-dried peas, couple packs of Kool-Aid, one can of root beer, and some caramel chips."

"That's all?"

"That's all."

"And the water?" Bob knew well, almost to the drop, the extent of their supply, but he wanted to have the amount spoken.

"Two full jugs. And this one, minus one cup." Jim held up the container currently in use, not elaborating on the missing cup because both men realized that it had been Linda's final nourishment.

Bob thought silently for a few minutes. Then, urgently, he spoke. "I feel that it is even more important for us to keep up our schedule," he said. "There's just the two of us, and we've got to keep our minds occupied. More important now than . . . before."

Jim disagreed. "There isn't any need to stretch out the food," he insisted. "It's almost over for us. Rescue will be here, very soon."

"I hope you're right. But in the event you're not, we've got to conserve what's left. We've been taking half a cup of food a day. Let's cut that down to one quarter of a cup. And let's try to get by on one half of a cup of water."

Jim did not quarrel with the notion. In fact, he did not respond at all. He seemed occupied with something else.

"Do you remember the ABC's of prayer?" asked Jim suddenly, waking Bob from the late morning drowsiness brought on by his work. Pushed instantly into the past, moving effortlessly back to a time he had wanted to forget, Bob could hear the voices of the preachers and teachers drumming his ears. "Ask! Believe! Challenge! These are the ABC's of prayer. God will answer!" Did he remember them? It would be easier for a man to deny a tattoo on his brow.

"Don't you remember," persisted Jim, oddly exuberant, "what they taught us? That wonders, that *miracles* could be worked through the power of Christ?" Like a defiant fist, Jim's words shot out to grab Bob, the words holding him, refusing to let him go.

Dumbly, Bob nodded. But he quickly shook his head to clear the thought. He would not give in so easily. "Your power of Christ didn't help Linda much, did it?" he accused mockingly.

At this, Jim's face lit. "Linda *is* saved! She asked me if she was sanctified, and I told her she was. She died believing. She died in the arms of Christ."

"She died in the arms of her husband. She died because she dwindled down to nothing and she just gave up."

"Listen to me!" Jim commanded. He grabbed the water jug and held it high between them. "I make you this promise. There's enough water in this container to last us five days—according to your rationing. Five days! But if we believe, if we give our hearts to Christ, if we commit these five days to nothing but Him, then Jesus will send rescue. At the end of the fifth day, when the last drop of this water is gone, then we will be delivered."

Scoffing, Bob shook his head in denial.

But Jim would not lower the jug. In triumph he held it, an icon, a relic as awesome as a sliver of the true cross. Against his will, Bob was drawn to it, the water sparkling within, the moment more seductive than when he was briefly tempted to join Linda in the sea.

"I knew a woman," said Jim, "whose son got hooked

on drugs. He overdosed and almost died. His mother *asked* Jesus to save her son. She *believed* in His power, she *challenged* Jesus to heal the boy and open his eyes to the church. It happened. Just that way! Jesus healed him. Then the boy repented, accepted Christ, renounced drugs. Today he is a fine member of the congregation. I've seen it happen over and over again. I could tell you stories from now till midnight."

"What do you want me to do?" asked Bob. He could feel the balance of power between them shifting. His will was draining from him.

"Join with me!" Jim cried. "Dedicate the next five days to believing in the power of Christ. Worship with me! Sing with me! Praise the Lord with me! And at the end of the fifth day, be ready for rescue with me!"

Bob held up his hands. Wait a minute. All right, he reasoned to himself, unexplained events *can* happen. Intellectually, they have no defense, but what of those cancers that shrink and vanish, and those shriveled legs that suddenly become whole? There *are* miracles in this world. What harm can Jim's faith do to me for one week? I am not surrendering what I believe, rather what I do *not* believe, for what I am today took a torturous period to realize. But for five days, only five days, there is no peril in singing Jim's prayers and waiting for Jim's God.

"Touch it!" urged Jim. A command! Slowly Bob raised his hand and, almost fearfully, pressed his fingertips to the water jug. They trembled, both men.

Wreathed in ecstasy, Jim began to pray. But it was a different kind of prayer. No longer was he humbling himself, staring up at an invisible, faraway God. Now he was man-to-man, on almost earthy terms with his Lord. It could have been a business deal he was explaining. "We *ask* for rescue, Lord, because we *believe* in Your power. And we *challenge* You to deliver us from this long ordeal. We are testing the power of prayer, Lord. We will drink this water for five days, and when it is gone, we challenge You to deliver us, to lift us with Your grace. Ask! Believe! Challenge! Thank you, Jesus. Amen."

Jim threw his hand across Bob's, and together they held the jar.

"Say 'Amen!' " cried Jim.

"Amen," said Bob.

"Again!"

"*Amen!*" This time, from Bob, a full-blooded shout.

The five days spun by in an orgy of evangelism, a camp meeting somewhere in the Pacific. As if setting the stage for the promised miracle, the sea became smooth, a soft breeze appearing like an invited guest to make their chamber pleasant. The men prayed together from the moment they awoke, throughout the day, and even at night in the darkness when they were too excited to sleep. Over and over, until the words became a chant, they repeated two verses from the book of John, "Whatsoever you ask in my name, I will do," and "Ask and you shall receive." One would begin the words, and the other would seize them, crying out their promise to the vastness that surrounded the *Triton*.

Never did they play the Bible game with such enthusiasm. For hours, they tried to stump one another with characters and verses. There was laughter and good feelings. Never in their relationship had the brothers-in-law been so close.

On the second day, another great tuna swam into their room and stayed for a time, insolently splashing near the surface and flipping spray onto the beds with his tail. In their fervor, it was easy to believe that the Lord had dispatched the fish. Quickly Jim fashioned a new harpoon from the last strip of bow pulpit railing. With the hack saw, Bob cut notches to create barbs about an inch long. During the hour or more it took to prepare the new spear, the fish stayed near their bunks, apparently a visitor with deistic instructions. Finally Jim rose to a crouch and, praying, hurled the harpoon. As it struck the tuna squarely, Bob yelled in glee.

But the fish began to thrash and fight the barbs, so violently that Jim lost his grip and dropped the harpoon into the water. Seconds later, both fish and spear were lost.

But that was not worth mourning, for there were but three more days left until rescue. "Three more days," they began to chant, "three more days!" Setting the declaration to music, Jim found a tune on his harmonica that became, in their passion, the organ of a cathedral. And as the water in the jug dwindled, their spirits rose.

On the third day, near sundown, Bob went topside to stretch his legs, and what he saw on the horizon made him summon Jim hurriedly.

Toward the east, settled across a large portion of the lower part of the sky, was a bank of mustard yellow. "What is it?" asked Jim, not understanding Bob's excitement.

"Smog!" fairly shouted Bob. "It's smog! We *must* be near Los Angeles."

On the fourth day, convinced now that the winds were sending them so close to the coast of southern California that the *Triton* would surely come within sight of a fishing boat, Bob set about to surprise Jim. He would, in fact, hasten their rescue. Jim could not complain if they were found on the fourth day rather than the fifth. It had been on Bob's mind for some time that perhaps he could start a fire with a mixture of the paint, diesel fuel, and oil—all having been found two days after they capsized.

While Jim napped during the midday free period, Bob slipped quietly topside and poured the fluids onto a pile of rags. Now for the flame. Removing the magnifying lens from the binoculars, he held it patiently at an angle through which the sun's noon rays would pass. He waited for a chemical reaction to occur; the tiniest of sparks would set aflame his makeshift torch. Within thirty minutes, a wisp of smoke was born, Bob blowing anxiously to encourage its growth. Moments later, the rags began to burn. Only now did he yell in triumph for Jim to hurry and see what his ingenuity had wrought.

When Jim saw the black smoke curling from the wadded rags, he burst toward the torch, hands outstretched, as if prepared to smother it with his raw hands. "No!" he cried, distraught. For a moment Bob thought he feared that the boat would catch on fire, but there was scant likelihood of that. Bob even had a jar of salt water at the ready should a spark begin to smolder on the damp deck.

But that was not Jim's worry. He ran headlong into

Bob's grip and fought his way toward the fire. "What's the matter, Jim?" said Bob, dumbfounded. Jim began to weep, tears coming quickly to his eyes, his face contorted.

"You're interfering with God!" he cried. "This is not God's plan!"

And Bob understood. In Jim's mind, the five-day drama was preordained. Every word, every gesture, every action was being played from that master script with which they could not tamper.

"I'll put it out!" shouted Bob, seizing the jar of water and dumping it on the rags. But in the extinguishing, a cloud of smoke rose and spread about them.

Jim watched the cloud in despair, as if it were his life in ruins. Wordlessly, still crying, he descended to his bed and wept for more than an hour.

"I'm sorry," murmured Bob. "I was only trying to help."

Near dinner, Jim composed himself and forgave Bob. Rescue would still come tomorrow, he said, for his God was forgiving. But Bob must never again try to alter God's will. If Bob's fire had lured rescuers, then the thought would have been that *they* had accomplished the miracle, not God.

The fifth day. Saturday, August 11. The Sabbath, according to Jim. He was up early, before the 7 A.M. deadline. When Bob awoke, he saw that Jim was busily grooming himself, combing his hair, brushing his beard, now full from a month of not shaving. The beard was dark, in contrast to his blond hair. "By tonight," said Jim, his fervor once again at the summit it had reached before the incident of the torch, "we will be at a feast."

After they had prayed and chanted the texts from John, Bob reached for the jug of water and lifted it. There was but an inch left, enough for two portions. He unscrewed the cap and poured a swallow into his cup. He handed it to Jim, who looked at it curiously. Finally he shook his head in refusal.

"No," he said, "I want to wait until the end of the Sabbath." His holy day would end at sundown.

"Maybe," said Jim, "there'll be time to get to a church. When we get to shore, I'm going to ask to be taken to the nearest church. And I will give testimony to God's power." He clapped his hands together in excitement. "Do you think they'll believe it?" he wondered. "This morning, lost at sea. Tonight, standing in God's house, praising His name."

So consumed was Jim with the passion of his belief, so convinced was he that rescue would come by nightfall that Bob was once again caught up in the ecstasy. It had been his custom to extend his daily cup of water with a swallow or two for breakfast, another portion at dinner, saving a small amount for the middle of the night when he always awoke with a parched throat.

But today, the fifth day, the day of deliverance, he would wait until the rescuers and their strong arms lifted him.

"Do you still have the can of root beer?" asked Bob. They were saving the last soda to drink in celebration.

Jim nodded.

"Good. We'll drink it the moment we set foot on land and not before," announced Bob.

The hours raced by. Conducting Sabbath services, Jim preached to his audience of one, and Bob listened attentively. During the week he had suffered feelings of ambivalence. I have not really returned to the church, he told himself in the dark hours of quiet. I'm just humoring Jim. It cannot hurt, he reassured himself. It cannot hurt. Once, during the five days, Bob had even wondered out loud what would happen if God did *not* send rescue. Jim would not answer the question. He had no response to a skeptic.

On this, the fifth day, in the final hours, Bob felt no such pinpricks of doubt. His commitment, for the moment, was total. In his lap he even held the souvenirs he would take ashore from their ordeal—the carved house, Linda's purse, the cheap compass, the knives.

Near 5 P.M., when the air grew cool and the winds turned chill, Jim stopped praying and fell silent. He raised himself through the hole, and Bob followed, ready for the most important moment of his life. Slowly Jim lifted the water jug and with ceremony removed its cap. Pouring carefully, Jim held it upside down so that every last drop drained into their two cups.

With the solemnity of communion, the men drank, Bob sipping slowly, Jim throwing back his head and almost greedily consuming the water, precious drops splashing on his beard. When he was done, Jim lowered the cup and smiled. Had the whistle of the rescue boat shattered the silence, Bob would not have been surprised.

Now they waited.

They sat on top of the overturned trimaran and they waited, their eyes sweeping to the far corners of the horizon. Until the sun slipped away and blackness fell on the sea to end the Sabbath, they waited.

Finally Bob felt the cold and began to shiver. He went below, saddened. But Jim stayed on top, waiting, waiting, his lips moving in prayer. Waiting. Waiting for God.

15

"AUGUST 13, 1973."

When Bob finished carving the thirty-fourth day on his calendar of survival, he went topside to paint the fourth —or was it fifth? he had lost count—piece of wood to set afloat on an errand of emergency. He painted carefully the now familiar legend—the name of the trimaran, the date it capsized, the fact that as of this day there was still life in its survivors. What is happening to these? Bob wondered, as he flung the board out to the waves and watched it ride the swells until it could be seen no more. Are my others still afloat on the sea, or have they washed ashore at some foreign beach where a native who cannot read English has nailed my cry for help on the wall of his hut? Or is one being studied this very moment in the command room of some Coast Guard station, with admirals and marine scientists analyzing the water content in the molecules, deducing what special kind of salt can be found only in this one special patch of the Pacific Ocean?

Bob smiled ruefully. What does it matter? he decided. My messages are more likely sinking a thousand yards from here, their layers peeling and decomposing, even as the tissue and cells of my flesh slough daily and fall away. But painting the boards gives me something to do for an hour. They fill the minutes. Aren't I thinking about them now? Fantasies for a dulling head. What else is there to think?

When he went below, Bob told Jim the news of the morning—that he had painted another board and thrown it into the sea, that the ocean was calm, that the wind was less than five knots, that the sun would break through the haze by midday.

Jim gave no sign of hearing. Curled into a fetal position, he lay facing the wall. He had scarcely moved since the failure of the five-day drama of the water jug. He had neither expressed his apologies to Bob nor shown any emotion at all save the silence that was beginning to rot Bob's nerves.

Yesterday, Sunday, Bob had tried to cheer him with chatter, jokes, songs, but everything he attempted was met with cold silence from a man suffering from acute disconsolation.

"I can't take this from you much longer," he said now, pouring himself a swallow of water no larger than a teaspoon. It was their next to last jug. "I'm taking a sip of water, Jim."

Silence.

"I want you to know that I am taking a sip of water, Jim. That's our rule, remember? We have to tell each other every time we take a drop out of this container. I won't take another one until dinnertime. You hear me, Jim? I don't want you looking at the jug later on today and accusing me of taking an extra sip. I'm telling you that I'm drinking a sip."

Silence.

"By the way, in case you're interested, Jim, I've discovered that if you put a tiny dab of toothpaste in your mouth, it relieves your thirst. It works. It really does. You ought to try it."

Silence.

"If you get tired of toothpaste, you can try a drop of vanilla extract."

Silence.

"Listen, Jim. It's . . ." Brusquely, Bob reached over the dividing line between their mattresses and grabbed Jim's arm, limp and unresponsive. He held it up so that he could see Jim's watch. His had quit on him the week of Linda's death.

"It's almost ten o'clock. I put up with this silence of yours Saturday night and all day yesterday because I know you were disappointed. But I'm not going to take it another day. I'm sorry God didn't come through for us, but, like you said, He has His own game plan. Maybe you pushed Him too hard."

Finally Jim stirred.

"Maybe you put it to God the hard way, Jim. I mean, after all, a fellow could say, 'I believe in You, Jesus, therefore I ask You to give me a million dollars, and I challenge You to do it.' That would be pushing the old boy pretty far. We're going to be rescued, Jim. I believe that. We've *got* to believe that. But we can't put a deadline on it. It may happen at four fifteen this afternoon. But if it doesn't, we've got to make it through tomorrow somehow, and we've got to help each other."

Finally Jim turned and showed his face. He resembled a man who had just been given the sentence of incurable disease. Shadows of pain and bewilderment had come suddenly to his eyes.

"I really believed," said Jim in a voice turned weak and old. "I really believed we would be rescued."

"But we weren't," said Bob, shocked at how quickly Jim had aged. "And it's not fair to take it out on me. Now pull yourself together. The topic this morning is how socialistic nations are similar to the capitalist society."

Jim shook his head sadly.

"Or," hurried Bob, "we could talk about baseball. I wonder who's winning the pennants."

Neither baseball nor the political structures of world powers were of interest to Jim. In his depression, a more weighty personal matter had enveloped him.

"We're going to die," said Jim.

Bob pretended not to hear the condemnation. In pedagogic fashion, he tried to move the discussion off the dead center of Jim's despair. But for the better part of an hour, the men spoke in alternating currents, one of life, the other of death, neither relating to one another. They could have been two people conversing in separate languages.

Finally Bob stopped. This is absurd, he reasoned. I

am the one who should be lying with my face to the wall in melancholy. I am the one who lost a wife. But if I do not pull Jim out of this, he will die. And I will be left alone. And then I will die. But before I die, I will probably go insane. I will be a madman adrift at sea. I need Jim. I *must* keep him alive. I cannot lose him. But how can I save him?

"What shall we do then, Jim?" he asked sarcastically. "Just lie back and fold our hands across our chests and wait to die? Is that what you're suggesting for us now?"

The silence again.

"Is your life so meaningless that you're giving up?"

Nothing. Nothing but the song of the waves beneath their beds.

Bob chewed his lip. It occurred to him that one positive act might be to slap his brother-in-law, slap him so viciously that the pain would sting him into sensibility. But if that act failed, then there would be nothing left to try. Moreover, once he started hitting Jim, perhaps his grievances would not let him stop. No, he had best fight fire with fire. Holy fire.

"Do you remember the story of Job?" asked Bob easily.

Jim nodded.

"Well, tell me, what happened to Job?"

"You know," answered Jim. "He suffered a lot."

"Exactly," said Bob, exactly as he would praise a pupil in his history class. "Satan accused God of favoring Job, of giving him too much wealth and fame and happiness. So God decided to see if Job was a true believer. God caused his cattle to run away and his field hands to be killed. He sent fire to burn up Job's sheep and bandits to murder his servants. He sent a wind to make the roof of Job's house cave in and kill his children. And finally, if I remember it all, God covered Job's body with boils. The old guy sat there in the ashes, in the ruins of a good life."

Jim nodded in tribute to Bob's telling the story correctly.

"Wait," said Bob. "That's only act one. Then Job finally broke down and went into a black funk and cursed God. He wanted to die and be rid of all his trouble. He sat around moaning and bitching and waiting for the end. But the Lord spoke to Job, from a cloud, I believe—"

"From a whirlwind," corrected Jim.

"From a whirlwind, and he told old Job that it had all been a test. Job had been getting too comfortable, too set in his ways. And Job realized that life was pretty good, that there were a lot of things left to be done, and he got his faith going again. And he lived another hundred and forty years. Had a couple more wives. Maybe more, I forget."

Not surprisingly, the allusion worked. Propping himself up on his elbows, Jim was suddenly renewed. As he watched, satisfied with his application of instant medicinal faith, Bob thought to himself, I wish it were this easy for all of us. Find the answer in the Bible. Whatever balm you need is there.

Later that morning, while playing the Bible game, Jim stumped Bob with the character of Jonah.

"Oh yes," said Bob. "Jonah and the whale."

Jim shook his head. That was *not* the Jonah situation he had in mind.

What, then?

Before the whale incident, Jonah had been on a boat and was considered such bad luck to the other passengers that he had to get off in the middle of the voyage.

"Well," said Bob, "if there is a parallel to this story, I'm not going to get off. And I hope you don't, either."

Jim laughed. "I won't jump off," he said. "I promise you that."

One afternoon Bob occupied himself by thinking of sex. Actually it was the lack of sex, more specifically the absence of the mildest stirring, that he thought about. He and Linda had spent twenty-six barren nights together, sharing a space eighteen inches wide and six feet long, and her illness had not been the factor in their abstinence. The sex drive goes away first when survival is paramount, decided Bob. On a list of his priorities, he could not even position the craving for a woman. What would Dr. Freud say to that? he speculated. Rescue is more important. Food is more important. Water I might even kill for. Warmth. Dryness. Safety. At this moment, an Orange Julius is more important.

He glanced over at Jim. For a perverse moment he considered introducing sex as a conversation topic, but he put that one away quickly. Wilma was certainly the only woman in Jim's life, past or present. Jim on sex would be as stimulating as Jim on Picasso's satyrs. Of all the people in the world to be shipwrecked with, how did he draw his brother-in-law?

The discussion periods were growing increasingly one-sided, more monologues from Bob than anything else.

With the broad spectrum of topics seemingly available to two college-educated men forcibly thrown together with nothing—nothing!—to do but talk, one of them was fluent in none save religion. With his depression seemingly concluded, Jim once more spent most of his hours in the company of God.

Bob kept trying. He rambled daily through books he had read, museums he had explored, people he had met. But though Jim listened attentively, Bob received little in response. He was a man sitting on one end of a seesaw, with the other stuck in the air.

When he grew a trifle exasperated one afternoon, Bob said, "If you had the chance, wouldn't you like to talk to Hitler, or a pornographer, or a guy who writes weird poetry, just to get a different point of view?"

Jim shook his head. "I'd listen to them out of politeness," he said, "but I wouldn't pay any attention to what they said."

"Well, why not, for Pete's sake? Aren't you ever interested in broadening your outlook? Doesn't a person ever get bored with nothing but the Bible?"

Sighing, annoyed at having to remake a well-established point, Jim shook his head again. "I'm not interested in worldly matters. All I want to do is live the kind of life that will bring me sanctification, so I will obtain a greater life . . . after."

Bob let it drop. But presently he gave the subject one last try. He opened the jaws of a small trap.

"One of the things you told me that really shocks me," said Bob, "is that you've never even voted."

"Why so?"

"Well, you're a citizen of the community. You have a responsibility to be informed and to take an interest in what goes on around you."

"But I don't."

"I've got a Bible situation," said Bob, apparently in abrupt change of subject.

Jim brightened, always eager to dip into his knowledge of the only book. "Old or New Testament?"

"New," answered Bob. "In fact, I'll give you a clue. This particular situation defines a person's responsibility —both to worldly matters and to God."

Modestly intrigued, Jim rummaged through much of the New Testament. Near noon he surrendered.

"Do you remember the Sadducees and the Pharisees, when they were taunting the disciples?" asked Bob.

Certainly, Jim remembered that.

"Well, they asked the disciples if their Master paid tribute to Caesar. The disciples said, 'No, Jesus doesn't pay taxes because he doesn't own anything.' The disciples were troubled by this, so they went to Jesus and told him the story and asked if they should pay taxes. Jesus said, 'Render unto Caesar the things that are Caesar's, and unto God the things that are God's.' Then Peter, I believe, said, 'But, Master, we don't have any money.' So Jesus told him to go down to the seashore, throw in a line, and catch a fish. When Peter did this, the fish he caught had a coin in his mouth. Jesus said, 'Now give this to Caesar. Go pay your taxes.' "

Jim considered the story briefly. But he looked blank.

"Don't you get the point?" said Bob.

"What point?"

Bob threw up his hands. "I guess this was my sly way of saying that everybody has responsibilities above and beyond service to God. Even though you belong to a church, there are other duties—like voting. Christ set the pattern here of being responsible to the community."

It did not wash, the parallel. Jim glowered. Then he said sharply, "But God didn't tell me to talk to a pornographer."

With that, Bob laughed. "I give up," he said. "I really give up."

They reached an accommodation, a Mexican standoff where neither would make moral judgments on the other. It was better to play mental Probe for an hour, then a hand of cribbage, and with an afternoon nap, the day was gone.

Just before dark, Bob was distracted by a faint buzzing noise. At first he thought it was probably a piece of wood rubbing against some submerged part of the *Triton.* But the tiny sound approached him.

He looked up in astonishment.

"Jim," he said, his voice very quiet, "it's a fly."

Breaking his reverie, Jim raised slowly on his elbows. With mounting excitement, the two men watched four flies buzz briefly about their beds, then disappear through the hole.

"What does it mean?" said Jim.

"It could mean we're close to land," said Bob. "But let's not get our hopes up."

During the next two days, Jim spent most of the hours of light topside, watching for ships—or for land. The flies did not appear again. Bob stayed below, not wanting to waste his energy. But he made a mental note to study the flight patterns of flies someday to determine how far they could journey from land.

Then he picked up the model house that he had been carving for Linda. After her death, he had first intended to throw it away. But now it seemed somehow important to continue working. He could not give up in any corner of his life.

16

ON AUGUST 16, for the first time since Linda's death and burial, the waves rose in ten-foot swells and the skies clouded gray and ominous. With the pocket compass, and by wetting his finger and sticking it in the air, Bob made an approximate wind reading. The winds blew strongly from the east throughout the day.

"It's changed directions on us," he told Jim dejectedly. This was the wind that Bob had been dreading. Often during their more than five weeks of survival, this wind had flirted with the *Triton*. But now it would push them away from the coast of California, or Mexico, or wherever they were, and carry them deep into the Pacific.

"If we had only saved a piece of the boom," went on Bob, "just a little piece, and a part of the sail, then maybe I could have rigged up something. We could at least hold our own in this kind of wind."

Taking his morning sip of water, Jim swallowed and looked momentarily uncomfortable. By now, Bob knew that look. How fortunate that Jim's religion forbade gambling, for Jim possessed no poker face at all. Sooner or later the truth would come out, but there was no value in pressing the point now. Any serious argument might send Jim into the silence again, and Bob could not trust his reaction to that.

It would be best to change the subject, for Jim was obviously troubled by talk of boom and sail.

"It looks like rain," said Bob. "Maybe we should try and catch some rainwater. You have any ideas?"

Jim approved of the notion. There was nothing wrong in trapping bounty from God. For an hour, the two men worked harmoniously, finding boards, cutting them to size, and nailing them together. Clever with tools and his hands, Jim was a splendid craftsman: Bob understood well how his brother-in-law had accomplished the enormous task of building the *Triton* with his own hands. And the boat *was* well built. Even in the storm and shock of capsizing, she had held together. No longer did Bob suffer the terror of lying awake at night and praying—figuratively—that the boat would hold together until sunrise. Now he felt the *Triton* was capable of sailing forever, upside down.

When they were done, the men erected the funnel with its wide top sticking out their exit hole, its bottom positioned inside a plastic water jug, the neck enlarged. But they caught no rain this day. For all the daylight hours, the winds blew and the skies frowned, but only salty spray trickled into their container.

Annoyed at the temperament of the weather, Bob dipped his cup into the sea beneath their beds and sipped at the salt water. Jim watched, shaking his head in amazement. For more than a week, Bob had been supplementing his fresh water ration by occasional swallows of the sea, despite Jim's prediction that it would sour his stomach and probably damage his brain.

"I know it's supposed to be bad for you," said Bob, "but it seems to satisfy my thirst." He could tolerate up to two cups a day. The best time to drink salt water, he discovered, was in the middle of the night when he always awoke thirsty. The only problem was that his bowels rumbled after drinking the water, and sometimes brought on diarrhea. But since his daily intake of food was so minimal, there was little to evacuate.

The rains appeared on August 19, and this being their fortieth day lost at sea, Jim took it as a small omen—or favor—from above. The parallel of Christ's forty days in the wilderness was unspoken. Almost a cup of fresh rainwater dribbled down the boards into the container. The two men watched with the fascination of seeing diamonds dropping into a velvet-lined chest.

So elated was he by the rain that Jim asked Bob if he might pray aloud, something that he had not done since their abortive five-day evangelistic wait for rescue.

Bob assented, indifferent to whatever Jim did now, as long as he did not slip back into the unbearable silence of depression.

It was his usual prayer, up to a point, blessings asked for his wife and children, gratitude to God for the rain, and assurance that his faith was unshaken. Then he mentioned that the two passengers aboard the *Triton* were both repentant, both true believers, both patiently waiting for the will of God to be made known.

"Wait a minute," said Bob, putting down his carving knife and shaking his head in disbelief. "I told you, no more of those prayers that accuse me of everything." His tone was sharp.

There was no intent to accuse, answered Jim. Besides, his heart was never fuller than during the five days when Bob had joined him in prayer and collaborated in his worship of God.

"If you remember," said Bob dryly, "that didn't work out too well. I assure you I was never playing the Prodigal Son."

Jim's mouth opened in defense, but he elected not to speak. He watched Bob whittle on the model house. Today he was creating a chimney. After a time, Jim stirred again. Would there be discussion period this morning? he wanted to know.

"Sure," said Bob. "But I've run out of subjects. Unless you'd like to talk about German philosophy or something. I know you told me you read Goethe and Nietzsche when you did your year in school there."

"Had to. That's the way I learned German."

"Well, what do you think of them?"

"I didn't pay any attention to what they said. Only their grammar."

That, thought Bob, makes as much sense as reading the libretto to Mozart's operas and never listening to the music.

After a few moments, Jim mentioned that he had a subject.

"Which is?"

"I know you're touchy about this," said Jim, very carefully, "and I've heard some of it secondhand from Wilma, but I'm really curious why you stopped going to church."

Shrewd use of terms, thought Bob. Not why I *quit* the church, only why I "stopped going."

"It's a very personal thing," answered Bob, pleasantly enough. "I will tell you one thing. It goes back a long while. It wasn't a snap decision."

If he knew the full story, said Jim, then perhaps he could better understand the man lying beside him. Besides, hadn't Bob urged him to listen to other viewpoints? It was not, Jim insisted, an attempt to proselytize. Jim's face contained no secrets at that moment, so Bob shrugged. And he told his tale.

Born into a devout Adventist family, Bob had inherited his religion. There was no choice. And his earliest memories were marked by the isolation indigenous to that faith. On his father's two-thousand-acre farm in Montana, in an area settled by Russian immigrants in the early years of the twentieth century, many of whom were already converted Adventists by the time they left their native country, there were no frills. Work was long and hard, plowing fields for wheat, fattening cattle after the winters that turned the hard land into a frozen prison, praying that the vegetable crop would be bountiful enough to last in the root cellar until the spring that never seemed to come. Of the eight children, Bob was the third eldest, and he knew the insecurity of being a middle child. Attention was paid to the oldest and the youngest, but those in between—at least to their way of thinking—felt, on occasion, left out. Toys were not bought but made.

Games were invented for practical reasons—who could pile the highest stack of potatoes the fastest. School, for the most part, was more churchly than scholarly. His father and uncle hired a teacher to preside over a one-room school converted from a bunk house. There the severe tenets of his church were taught. There Bob discovered that life on earth, according to his church, was but a prelude to the better life on the day that Jesus came again. "When Jesus comes" became the byword of his formative years. From his parents, from his elders, from his teachers, from his brothers and sisters, from all those that mattered, he heard the prophecy. On the long days when he plowed the field, sitting on the tractor from dawn until night, he found himself looking up, examining the clouds, hoping to be the first to see the bearded and benevolent man in white robes descend. Perhaps He would appear this day.

The most difficult hours for Bob were the Sabbath hours, when time suspended, when no work was done, no passions explored, nothing uttered but devotion to the Lord.

Jim had to interrupt at that. He well remembered those days. Life was not very different on his father's farm. Only *his* face glowed in the memory.

Bob went on. "I guess the trouble began when I started asking questions. I was always the kind of person who had to ask questions. When we moved to North Dakota and lived in town for a while, I was interested in making friends. And these other kids would sometimes ask me to go to movies. I'd ask my mother and she'd say, 'No.' And I'd say, 'But why not?' And she'd say, 'Because *we* don't go to movies.' That didn't seem like much of an answer to me. And I began wondering why *we* were different from everybody else. Then in Sabbath school, I was always pestering the teacher how water could turn into wine, or how a man could rise from the dead, or how a virgin could give birth. Understand, I was a farm kid. I knew how babies were born. And always I'd get these blunt answers, or nonanswers. Always they would tell me, 'Don't ask those questions. Just believe. Accept. Do as we tell you to do.' "

When he became fourteen, Bob was sent 250 miles away from his home to an Adventist academy. It was to be an unpleasant experience for him. "I was just a kid, lonely, homesick. I can't tell you how it tormented me. The regimentation nearly drove me crazy. Morning worship. Evening worship. Bible study. Friday night services. All day Saturday services. It was like being behind walls in a monastery.

"Back on the farm, I had always dreamed of the sea. I wasn't sure I would ever see the ocean—it sounds funny now—but I dreamt of it, anyway. Somehow I found a copy of Coleridge and I memorized big chunks of 'The Ancient Mariner.' Then I visited an uncle and he had a copy of *Moby Dick*. I started reading it at his house, but we had to leave. Of course we didn't have a book like that at our house. So when I was at the Academy, I assumed every great book would be waiting for me. You know what I found out? 'The Ancient Mariner' and *Moby Dick* didn't exist there, either. I asked for them both, and the librarian shook her head, almost angry that I should ask.

"I had to work to help with the tuition, so I got a job as night fireman, steaming up the boilers. There was this little man about five feet tall who was my boss, and he harassed me constantly. He accused me of cheating on the number of hours I put in, of dreaming, of wasting time. I hated him. I'd finally get to sleep and he'd haunt me—him and the Catholics who were coming to get me. I'd see the Catholics moving at me in waves, creeping into my room, with the Mark of the Beast on their foreheads."

Jim understood this, too. One of the beliefs of the Adventists is that the Catholic Church has perverted God's Sabbath, changing it from Saturday to Sunday, and that these Papists—or anti-Christs, as Revelations names them—will bring about the final days of mankind. Those who trample on God's law, goes the Adventist belief and Revelations, will receive the Mark of the Beast.

"I saw these terrible creatures in my dreams," continued Bob, "rising out of the sea, three horns on their heads, coming to get me. Somehow the boiler room and the Catholics and the homesickness got to me. I'd wake up screaming. I was so tortured by all this that I actually got ulcers. A fourteen-year-old kid with ulcers!"

In the spring of his freshman year, Bob convinced his family that he should return home for his sophomore education, where he would be able to help his father with the farm chores and save money and be closer to his family. To his surprise, the family bought his ruse.

Jim smiled. They were coming to Bob's famed "hell-raising year." Wilma had spoken of it.

"I really didn't raise all that much hell," said Bob. "I

just got accused of it. For example, we had this root cellar we stored the potatoes in. The week school started, my sophomore year at home, I borrowed Dad's car. In the back seat were these pails of potatoes, ready to be stored for the winter. Well, you know how kids do when they get their dad's car at the age of fifteen. They drive around and show off. We started throwing potatoes at each other. We were all farm kids. The others would catch my potatoes and throw them back at me. Some of them hit the car. The next morning, my folks came out, all dressed up in best bib and tucker to take my sisters to the Academy, and they saw potato mush all over the car doors. Only it looked just like puke, so they assumed I had been out drinking and throwing up on the family car. They didn't exactly accuse me of it, but the assumption was that Bob was drunk. So later on, I did just that.

"It happened when the sophomore class gave its picnic for the junior class. I was on the committee to pick the site. One of my friends, Mike Jurgenson—his Ma owned the local bar—he borrowed the car and in the back seat was every kind of booze. We found the picnic site right away and spent the rest of the day drinking. Of course I bragged that I was experienced and could drink more than Mike. By the time we got back to school for the last period, we were bombed. I mean, bombed."

Wincing, Bob paused. "Did you ever try booze, Jim?"

"I took a sip of wine once and satisfied my curiosity. It tasted terrible. I never tried it again."

"Would you drink an ice cold beer if I gave you one this very minute?"

No hesitation. Jim refused even an imaginary beer.

"When I got home that day, staggering, my dad ordered me to load wheat. I had to back a pickup truck into a small loading space. Ten times I did it before I finally squeezed it in! My dad just stood there looking at me, shaking his head, as if I were a sinner, forever lost."

Following his memorable year at home, Bob was predictably ordered back to the Academy, where he endured the remainder of his high school education. And it was during these years that he commenced an intellectual adventure that would consume him for almost a decade.

"I decided to determine for myself if what the Bible taught, and what the Adventists taught, made sense. I even enjoyed the Bible classes then because I was studying for a purpose, not just because it was something to do by rote. I asked questions; man, did I ask questions. I wouldn't let the teachers get away with anything unless they satisfied my doubts.

"There would be days, even weeks, when I'd say to myself, 'All right, this makes sense. I believe.' But then something would come up, like the controversy over whether the Sabbath is on Saturday or Sunday, and I'd fall out with them. To me, it didn't seem to make any difference whether a person observed Saturday or Sunday or Wednesday afternoon as the day of meditation and worship—or even no set day at all—provided he had some sort of principles that guided his life."

Interrupting, Jim took issue. He could not bear this. "But this is God's law," he said. "This is basic to our religion."

"*Your* religion," said Bob. "Let me finish. You asked to hear it all." He enrolled in an Adventist college with the intention of going, as he put it, "all out." "I decided to major in theology with a minor in history and philosophy. I wrote my folks and told them, and naturally they were delighted. They right away assumed that I was going to become a minister. Well, I wasn't sure about that. It was a possibility, but actually I was more interested in exploring religion as deeply as I could. I even studied Greek, with the express purpose of getting fluent enough so I could read the Bible in its original text."

That study shored up the side of Bob that could not accept blindly the religion of his family. Too many contradictions became apparent. "It was obvious that the differences in the original Greek text were even more glaring than the differences in the King James version. And I related all this to the history I was learning, much of it on the side, from the public library. The papacy, for example. It didn't really start out in history as an evil thing, Jim. Nor is it a continuing thread of evil. There *were* bad popes, true, and corrupt ones, and perverted ones. But there were also Renaissance popes who gave us art and music, and there were warrior popes who brought civilization to barbarians.

"By the time I was a senior in college, I had decided against becoming an Adventist minister—if, indeed, I had ever had that real desire. But I was still undecided about the church itself—whether I could, in all honesty, remain a member. I was racked with indecision. I literally stayed awake nights, going nuts with unanswered questions. So even though I had ruled out the ministry, I took a job teaching at an Adventist college. I stayed there two years, right amidst them, listening to them, watching them, talking to them. I even became an elder and you know that's no easily achieved position in the church. Didn't smoke, didn't drink, didn't dance, didn't cuss, didn't go to the movies. I did absolutely everything they demanded, but it simply did not work for me. I had always imagined college to be a place where ideas were discussed, issues were debated, where you could stretch your imagination. But at this college, high intentioned as it was, I became a prisoner again. You can't enchain a mind, Jim. I can't live inside walls. I've got to ask questions. I've got to stimulate myself."

Jim pondered this. He seemed absorbed by the story, even though he often shook his head in disbelief at what Bob was saying.

"And so you dropped out?" Jim asked.

Bob nodded. "I wrote a very formal letter to the church headquarters asking that they remove my name from their rolls. It was deliberate. I didn't want to just drift away, like some members do. And I never even got a reply from them! I didn't have the heart to tell my folks about the letter, but somehow they heard. I knew this because our relationship suddenly turned cold. We didn't get back together again until Linda appeared in my life."

And that, thought Bob as he watched Jim digest the biography, is the first time I ever put all the pieces of my life together for anyone, even myself. He hoped he had been convincing, for he was a careful man and he wanted his actions understood, if not accepted. Often he had prepared himself to explain his beliefs at a family gathering, but in confrontation with the thick and towering fortress of God that surrounded their lives, he fell back to pleasantries. He could not cross their threshold with his soul exposed.

Now Bob waited for a response from Jim. He felt he was due one. But none came for several moments, long moments with nothing to intrude on the vast silence around them. Finally, softly, Jim spoke.

"Do you believe in God?" he asked.

The bottom line, thought Bob. I could answer a thousand questions, and he asks the one for which I do not yet have an answer.

"I don't know," Bob said simply.

"You don't know?" Jim was incredulous.

"I've thought about it out here. I'll admit that. But all I can conclude is that I neither believe in God nor disbelieve. Can we let it go at that?"

"I feel a little sorry for you," said Jim, not unkindly. He moved to climb through the hole and go topside.

Bob threw out his hand in urgent need. "But didn't you *ever* waver?" he demanded. "Weren't there ever any private moments when you asked yourself some of the questions I did?"

"No." Jim firmly shook his head. "Oh, maybe at the Academy there were some difficult times. The rules did seem hard. But I was just a kid struggling against discipline. I never questioned what was taught to me. I certainly never questioned the existence of God."

Bob dismissed the subject, silently pronouncing its benediction. If they did not know and respect one another now, they never would.

The afternoon free period had been lengthened to two hours by mutual consent. Usually Bob carved or napped or tried to remember the plots of novels he had read. Whatever, he remained quiet on his bed, trying to ration his strength as carefully as the water in the next-to-last jug tied beside him.

But Jim grew restless in the long afternoons, and, more often than not, lay quietly for only a few moments before bolting up through the hole and to the outdoors, where he sat or watched the schools of silverfish or paddled about in his scuba suit.

On the day after Bob's long explanation of himself, Jim dressed in his scuba suit. Bob frowned. "I don't think you should do that," he cautioned. "It wastes energy."

"Exercise is supposed to be good for you."

"Not when you're eating three teaspoons of food a day and drinking half a cup of water."

Not answering, Jim went through the hole. Presently Bob heard him drop into the water, calm after the previous day's rain. The one precaution he took was to tie a rope as safety link between himself and the *Triton.*

An hour dragged by. Drowsing, Bob heard Jim cry out. Excitedly.

"Bob!"

He reared quickly and shoved his head through the hole.

Five ships were coming directly at them. A fishing fleet. One mother canning boat and four children flocked about her. If these did not find the *Triton,* thought Bob, then nothing ever would.

17

THE FLEET CUT THROUGH the waters, five abreast, like a bread-slicing machine. The two survivors shouted and leaped and waved the orange life jackets and blew the whistle and flashed the mirror and implored and prayed. But the five fishing boats did not see the overturned trimaran, even though the mother ship passed within a few hundred yards.

That night Jim curled in his bunk, wrapped once again in depression. Bob tried to be practical.

"I don't think we can be seen," he said, although he wondered privately if they were being ignored, like that woman in New York, the one murdered while people watched from their windows, not willing to tamper with their own well-being.

"And I don't think it does any good for us to do this big yelling number every time a ship passes," said Bob.

"It just wears us out." Exhausted himself, he had watched Jim's body tremble in the silence. Whether it was in fear or pain or discouragement, he did not know.

"If you can stand it, Jim, just lie here quietly. One day a plane or a ship will see us. That's the only way it's going to happen, Jim. There's no use in killing ourselves with exertion, after we've lasted this long."

Jim nodded. But during the long night, Bob heard him sob.

Little of note marked the next ten days. Once, sticking his head through the hole to get a whiff of fresh air, Bob noticed a box bobbing on the sea a few hundred yards from them. Fascinated, he watched the box, remarking to Jim that it was too far away for them to retrieve.

"What do you suppose is in it?" asked Bob.

Jim shook his head. He was never fanciful.

"Maybe it's a crate of French wine. Wouldn't that be something, Jim? Would you drink a bottle of good burgundy if it was inside that box?"

"No. I told you I tried it once."

Three more ships passed during the week of August 25–September 1, but they were on the far horizon, and the men did not bother to call to them. Ten ships have passed us by, noted Bob to himself. If I ever get out of this, I'd like to ask them why.

The only thing he had learned from watching the ships tempt them and leave them was that ships usually appeared either at ten in the morning or five in the afternoon, and that it took an agonizing forty-five minutes to cross from one point on the horizon to the other.

On the last day of August, Bob saw three small birds—like seagulls, only smaller—wing over, dip in curiosity, and then fly off to the east. He told Jim of their appearance, and the news cheered him but slightly.

On the morning of September 1, Bob painted and threw overboard the eleventh message. Then he carved the date on his calendar. Fifty-three days. He fell asleep during the morning free hour, murmuring the astonishing figure to himself.

When he awoke, slimy with perspiration from the humidity inside their chamber, Bob saw Jim putting on his scuba suit. After Bob's admonition, Jim had not ventured into the water for several days.

"I'm going to take a little swim," Jim explained hastily. "It's a nice day."

"I don't think you should."

"Maybe I'll find something."

Fixing his mask in place, Jim disappeared through the hole. Bob, still drowsy, fell back asleep.

Jim tied one end of the safety rope around his waist and the other to the piece of steel rod Bob had erected as a makeshift flagpole. Then he eased into the cool water and paddled idly about, a few feet from the boat. He was always careful not to venture more than ten feet away. On this day the depths were startlingly clear and through his mask he could see great distances. Transfixed by the beauty, he plunged deeper, following a school of gaudy, orange-striped fish.

But as he swam, the other end of the rope strained against the flagpole, and it loosened. Then it fell away. Unknowingly, Jim was adrift beneath the sea, without a cord to hold him to the boat. When he surfaced, the *Triton* was more than one hundred yards away, drifting quickly in a new wind!

Instantly Jim screamed for help, but Bob was asleep and out of earshot. Against waves that suddenly loomed large and punishing, Jim fought his way back to the boat. He pulled himself onto the *Triton* and collapsed. When he had strength enough, he crawled inch by inch to the hole and fell down onto his bed.

Gasping, his body convulsing, Jim spilled out what had happened to him. So punished was he by the experience that Bob could not say, I told you so.

The frightening swim sucked both Jim's strength and his will to live. On the next day, September 2, he grew incoherent during the discussion hour and Bob called it off. During the game period, Jim could not even conceive a five-letter word for Bob to guess. In the week after capsizing, ten-letter words had come easily. All Jim could do was stare off blankly at something unseen. He fell asleep, thrashing in his bed.

At the evening meal, Bob opened the next to last can of sardines and handed one to Jim. Blankly he looked at it, slowly shaking his head in refusal.

"You've got to eat," said Bob.

"I can't. I don't think I'm going to make it, Bob." His eyes were hollow, opaque, hidden behind a film, the same cloud that had come over Linda in her last days.

"Of course you are. Now eat this terrific sardine. Play like it's trout amandine."

Jim held the tiny fish to his mouth, tasted it, dropped

it uneaten onto his chest. "I think I'm going to sleep," he said.

Worried, the panic building within him, Bob moved closer to Jim. Did he mean "sleep" or did he mean "die"? Often the fantasy had tormented Bob of being left alone on the sea, and now the possibility seemed real. He searched for something to stimulate Jim.

"You can't give up now," pleaded Bob. "You've got everything in the world to live for. What about Wilma? And the kids? And there'll be the new baby pretty soon. Elder Fleck is waiting for you in Costa Rica . . ."

Shaking his head, Jim tried to raise himself from the bed, but the very act of lifting his head and shoulders wore him. He fell back. However, he had something he must say.

"I've got to tell you something," said Jim. "I can't . . . *go* . . . without telling you something."

Bob moved to Jim's bed and lay near him, his ear at Jim's face.

"I drank a can of root beer," blurted Jim in confession. "That first day, after we capsized, when I was swimming around finding things. I was so thirsty and I found this can of root beer, and . . . I just drank it. I never thought we'd be here so long."

"That's okay," murmured Bob. "We still have a can left. Remember? We're going to drink it when we get to shore."

The confession was not done. "And I took an extra sip of water. I wanted to tell you and Linda about it, but I was ashamed. And the peanut butter. I ate a little of that, too, without telling you."

Bob patted Jim's arm as if to say the confession was made and accepted and forgotten. He wanted to ask about the cheese balls and the water distillation kit, but it seemed unnecessary. He knew the answers.

"That's all right," Bob finally said. "We're still alive. We're going to make it, Jim. I swear it. But we need each other. I couldn't survive without you, nor you without me. It won't be long now."

Just before he went to sleep, Jim made one more confession. The boom. The sail. Bob had wished for a piece of each to rig up somehow to keep the *Triton* from being pushed westward, away from land.

"There *was* a piece of the mast, and the sail, underneath that day when I first went down in my scuba suit," Jim said, his words broken and pained. "But . . . but I cut them off. I didn't think we should interfere with the Lord's will."

There was no shock for Bob. He understood. Had he been newly come to the awesome hold of Jim's God, he might have screamed in fury and railed against him. But Bob knew this God, he had known Him from as far back as he could remember, and he could do nothing now but nod.

The next morning Jim refused food again. There was either sardines or peanut butter or Kool-Aid. Nothing else remained on the menu. Jim could not eat them, he said.

"You're committing suicide, you know that, don't you?" Bob's voice was harsh.

"No, I'm not. I'm simply obeying the will of God."

"Oh, I see." Bob's words were sarcastic. "Did Jesus come to you during the night and whisper, 'Give up—check out'? I didn't see Him."

Jim did not answer. His eyes remained shut.

Bob felt helpless. He could reach over and shake Jim, shake him so angrily that perhaps the run-down mainspring might begin to tick again. But there was a risk, the risk that he might shake what tiny bit of life remained, shake it until there was no more.

Then he found another idea. A long shot. But nothing else came to mind.

Bob leaned close to Jim and cursed him.

"You son-of-a-bitch!" he yelled. "You mother-fucking, low down shit-assing, cunt-licking bastard. How dare you give up, you fucking coward?" The obscenity poured from Bob in waves, a broken dam. Jim opened his eyes quickly to look incredulously at the man abusing him. Shaking his head, Jim begged for the curses to stop. But Bob refused, the tempo of his tirade swelling and building to a scream: "God damn you!"

Jim shuddered. Terribly. He flung out his hands. "Please," he cried. "Stop! I'll try! I'll live! Don't curse me again!"

It worked. Proud of his cleverness, almost smiling, Bob moved back to his bed and turned his face to the wall.

By his confessions, Jim had prepared himself for death. But Bob's profanity had soiled his state of grace, thrown up a roadblock on the path to death and the wait for salvation. Jim could not die now, before Bob died, because there would be no one left to cleanse Bob of his profound sins.

Moreover, Bob had used God's name in vain. Jim could not depart this world with *that* resounding in his ears.

18

IN THE AFTERMATH of Bob's curses, the two men endured still another two weeks, albeit fourteen days in slow motion. Bob tried to keep the game period going, but Jim lacked even the energy to shake the dice and move the marker on their Bump board. The final square, the one marked Rescue, seemed as unreachable as the dark side of the moon.

Further, Bob insisted that they continue to examine one another's countenance each morning, to mark the tone of the skin and the life in the eyes. Usually Jim muttered, "You look okay." But Bob could not respond in kind, for he saw clearly that Jim was very ill. Gray sand was filling the hourglass of his face. He was beginning to resemble a character from the Sabbath school books, his beard dark and scraggly, eyes like ashy coals in a fire about to go out. At the beginning of the voyage, he had been blond, of the sun. Now he was of midnight.

On September 4, a butterfly appeared beside their beds, suspended in dazzling orange and black beauty, perhaps a monarch. Darting about for a few seconds, it vanished through a crack, as if a magic spell had suddenly been broken. But neither the previously seen flies nor birds had delivered them the sight of land, so this newest creature was observed with neither excitement nor hope.

Tuesday, September 11. Bob carved the date and remarked that it was the two-month anniversary of their life in an upside-down boat. Briefly he considered painting one more board and throwing it into the sea. But he lacked the will even to look in the paint can to see if there was enough left to illustrate another useless plea for rescue.

On September 14, at 7 A.M. promptly, for he still attempted the semblance of their daily schedule, Bob called to Jim and woke him. But Jim only stirred restlessly and fell asleep again. Bob left him alone until eight, when he cried his name sharply. When that brought no response, Bob physically raised him from the mattress.

From the can of sardines, opened three days earlier, Jim picked one and handed it to Bob. He began to eat, slowly, trying not to smell the rancid morsel, trying only to fill the sixty minutes of the breakfast hour.

But Jim regarded his sardine with hate. Not only did he dislike them in another time and place, the one in his grasp was rotting. He put it back in the can. His eyes closed and he fell back asleep.

Being Friday, it was water dispersion day. Under their newest agreement, in effect since September 1, one cup of water had to last each of them for five days. There was only one jug left, with approximately nine cups remaining.

It can be done, Bob assured himself as he unscrewed the cap. He had repeated the promise to himself so often that it was possible to believe it now. A swallow now, another at night, a sip of seawater in between. All that is required is a drop or two of water, and the determination to live. Survival!

"Jim," he called out. "You want your water now or later?"

"Now." Roused from his half-sleep, Jim held out his hand, clawlike, shaking.

Pouring the few drops, watching them hit and bounce and barely cover the bottom of the Tupperware cup, Bob handed the portion to Jim.

Jim shook his head. "Fill the cup," he said.

"That's your whole five days' worth," answered Bob.

Jim nodded. "Fill it. I want it all."

"Do you know what you're saying, Jim?"

"I know. I'm rational."

"You're sure?"

"Fill it." Jim was impatient.

All right, thought Bob. Your ration belongs to you. Do with it as you will. But he must warn him one more time. "You know," he said emphatically, "that there won't be any more water for five days. Until . . ." Bob counted rapidly on his fingers. ". . . until Wednesday morning."

Jim nodded his head in understanding. "I don't care," he said. "Give me the water."

Bob hesitated.

"Give it to me!"

Quickly Bob filled the cup. Reluctantly he extended it.

"I don't care anymore," said Jim, closing his hands around the water. "I'm thirsty. I'm not going to fight any longer."

Throwing it to his lips, Jim drained the cup in one incredible swallow. For the first time in days, he seemed at peace.

"I'm giving up," he said. "It's too painful to keep going. Besides, if I live, I might think it was my will and stubbornness that kept me alive. If God wants me to live, I'll live. If God wants otherwise . . ." Jim stopped. He breathed heavily for a few moments. Then he completed the sentence in a hoarse whisper. ". . . then I'll die."

At the nadir of his desperation, Bob racked his numbed mind to find something—anything!—to sustain the life in Jim. True, he thought, as he had thought before, in the dark part of his soul, if Jim dies there will be more food and water for me. But even with the additional nourishment, I will be left alone. And only then will survival become impossible. The ghosts of Linda and Jim will torment me until I join them.

He cursed Jim again. But this time it brought no response. Jim would not even raise his head from the mattress.

He pleaded with Jim to stay alive so as to fulfill his obligation of missionary work in Costa Rica. But Jim did not answer.

Finally, Bob asked quietly, "Are you ready to die?" And, after a long time, Jim raised himself. With eyes that burned into Bob, he held out his hands in supplication.

"No," he said. "I have to tell you two more things. You must forgive me . . ."

"I'm tired," Bob lied quickly. "Wait until tomorrow." That would drag Jim into another day.

"No, I have to tell you now." The words fell out of Jim in a great rush, pell-mell, spilling over one another, as doomed men would hurry to freedom if the door of a prison were opened.

"Once," he said, "when I was in the Academy, I broke a specimen slide for the microscope. The teacher asked everyone who had done it, and no one confessed. The teacher asked me directly, and I denied breaking it. I never told anyone. I can't die with that lie."

In his fear, Bob almost smiled. Was this a sin worth carrying half a lifetime?

"I don't think anybody will hold that against you, Jim."

"Wait. There's something else. Once, when I was in school in Germany, a bunch of us went to Vienna for a holiday. The other boys took the train home. I rode my bike instead. I told them later I beat them back to school by riding my bike faster than the train went. That's . . . that's not true. It was a lie. They beat me . . . only . . . I wouldn't admit it."

"What do I do with these?" Bob asked gently.

"Nothing. I've confessed them to you. I just had to tell somebody."

"I heard you. If it means anything, I forgive you."

During the night, Bob tried to stay awake in death watch. Until well past midnight, he listened intently to Jim's breathing, ready to fall on him and give him mouth-to-mouth resuscitation should his lungs stop pumping. But finally the blackness covered him and Bob slept. Near dawn he awoke in panic and looked at Jim. He was still alive, thrashing in his bed. Watching, Bob thought of another possibility to extend Jim's hours.

"Where's your will and testament, by the way?" asked Bob.

"My what?" All Jim could manage was a rattling whisper.

"Your will. I presume you left everything to Wilma and the kids."

"I never wrote a will. I'm only thirty years old."

"I know. But you've got an estate. Everybody does. What about your estate?" Bob had his questions rehearsed. He hoped they sounded convincing. He, too, felt weak this morning, but he could not worry about that. He had to keep Jim alive.

"There isn't any estate. We sold all our furniture . . . and our car . . . before we left. You know that."

Bob nodded. "But you had traveler's checks, didn't you?"

"They were lost . . . when we capsized."

"How much?"

"About one thousand dollars' worth."

"Wilma can get a refund. *If* you leave a will. If you die intestate, probate will take everything."

"What does that mean?"

"It means dying without a will. The court takes over then and divides up your property and collects a big fee."

Jim thought on this briefly. Never had he earned more

than $400 a month, and matters of the law did not concern him.

"I don't know how to write a will," he finally said.

"It doesn't matter. There's no need for legal terminology. Just write whatever you want and sign it. I'll make sure that Wilma gets it."

Again Jim fell silent, pondering this newest obstacle. Time passed. Perhaps minutes, perhaps hours, for both men were at the point when intervals were blurred and impossible to measure. The sun beat cruelly on the *Triton,* so intensely that Bob imagined they had missed California, sailed beyond Mexico, and drifted near the equator.

Later, Bob asked, "Have you written your will yet?"

"No."

"I was just thinking," said Bob. "When you do write it, you should tell Wilma to remarry."

Jim's voice took on a sudden edge. "I couldn't do that."

"The boys need a father."

The suggestion shocked Jim. He began to move in his bed, rising and turning so that he could stare at Bob and read his eyes. The two men faced one another as arm wrestlers, sprawled on their stomachs.

"The boys will remember me," insisted Jim.

"For a while," said Bob. "But later on, they'll want a father. It's true, Jim. If Wilma makes them live on your memory, the boys will grow to hate you."

For a moment Jim grew angry, as if he were going to lash out at Bob. Then he sighed. "What can I write on?"

In Jim's hand, clutched tightly, was his copy of *The Great Controversy*. "Use that," suggested Bob. He found Linda's purse, took out a Bic pen, tossed it to Jim.

Jim read from the book for a while, Bob trying to act uninterested. Occasionally Jim dropped his head onto the cover of the book and closed his eyes. Then he shook himself to clear his thoughts and he began to write on blank pages at the end of the book. Writing quickly, taking less than a quarter of an hour, his words were filled with eloquence and love and undiminished faith.

He dated the page July 11–Sept. 15, 1973, and he wrote in a coherent but spidery scrawl:

Dearest Wilma, Todd, Bradley, and all the family:

Bob and I are about done.

We have hoped and prayed that rescue would come prior to this, but twelve ships and several airplanes failed to see us. We are thankful for the time the Lord gave us to put our lives in complete harmony with His will. We look forward to that great resurrection day when we will be brought up incorruptible. It is my earnest prayer to see all of you there. If you study this book carefully and put into practice what you learn, we will be together again in the earth made new.

Wilma, take all the money here plus $1000 which I had in traveler's checks. They were lost when we capsized. You should be able to redeem them from the bank in Auburn. $112 go to tithe. The rest is yours. It is hard for me to say, but please find the boys another daddy soon. They need one at this age. I know that the Lord will bless you in anything you do for Him. Just remain as true to Him as you were to me, and all of us will meet in the earth made new.

I trust you will forgive me for the horrible thing of leaving you. Only the Lord knows the end from the beginning. We must always trust His ways even though we may not understand them. Read opposite page (527) of *The Great Controversy*.

Linda died on August 6, since then Bob and I have tried

to stretch our lives as far as possible. Lately, down to ¼ cup H_2O/day and ½ tsp. food. Just can't go much longer than this. I can hardly hold this pen to wright [*sic*].

I am deeply grieved not to have had the chance in mission work. I hope you can find someone who will give you this chance.

Just make sure you love Jesus each day and die for him each day and we will soon meet where there will be no separation and laws. Be sure to bring the boys and (?) I'll be looking for you on that Resurrection Day.

Love, Hubby & Daddy.

When he was done, Jim read once more the passage of the book to which he referred to his wife. "Our Father in heaven orders everything in wisdom and righteousness," it went, "and we are not to be dissatisfied and distrustful, but to bow in reverent submission. He will reveal to us as much of His purposes as it is for our good to know, and beyond that we must trust the Hand that is omnipotent, the Heart that is full of love."

With that he tore the pages from the book, folded them carefully, and put them in his wallet. Cleansed, every corner of his life swept and tidied, almost happy, he closed his eyes and waited for whatever his God had in store for him.

"I'm thirsty," said Jim, three long days later. He had not died, nor had he taken a drop of water. Dried blood caked his lips. He could not have weighed more than 130 pounds.

"I warned you . . ." Bob moved his head so that he could watch the water jug. Reassuringly, its level was exactly the same as it had been the last time he looked. Rarely did three minutes pass during the daylight hours that Bob failed to examine the water. He did not really expect that Jim would steal a swallow now, not after he had cleansed himself with confession. But Bob looked anyway. The water was more precious than his blood.

Above them, the skies rumbled with thunder. Through the hole, Bob could see a mist blown by a sudden wind. He would not give Jim any of his water, but perhaps he could trap a little if it rained.

After putting up the rain funnel, Bob fell asleep from the effort. When he awoke, almost a full cup of fresh cool rain had dribbled into the jug. He took a sip and handed the rest to Jim. The dying man looked at it curiously, as if it were a gift wrapped in treachery.

"It's rainwater," said Bob. "Drink it. Or save it."

All Jim could manage was to stare blankly at the offering.

Bob moved to him and pried open his mouth and dropped the water slowly into the dry throat.

"Thank you, Jesus," murmured Jim to Bob, his dark-bearded benefactor.

At the dinner hour, Bob ate his half sardine and offered the same portion to Jim.

Jim did not even bother to refuse, only stared dully at the boards above his face.

Bob had no weapons left to fight Jim's anticipation of death, but the reality of its imminence filled him with terror. Throwing his hand onto Jim's chest, he felt the heart. The beat was constant—dim, but constant.

During the night, Jim convulsed, his body torn by

spasms. He banged his head repeatedly against the wall beside him.

Awakened, Bob cried out his name. "Jim!"

"What?" Jim stopped thrashing.

"Are you all right?"

"Yeah."

In his half sleep, something had come to Bob. He had to speak of it. "I was just thinking," he began slowly, "what happens when one of us dies? How would you . . . or me . . . get the other's body out? We're both too weak to lift a body through this hole. If one of us dies, Jim, the body would decompose and swell up and start to stink. It's hot, Jim. And the other person would die from the smell and the rot."

The grim vision settled over the two men.

"Just cut the ropes," said Jim. He was right. When the rope bed was severed, the person lying on that bed would fall into the sea beneath him.

"But *both* beds would fall," said Bob in alarm. Jim did not respond.

In the quiet blackness of midnight, what Jim had said gnawed at Bob. Now that the idea of cutting the ropes had been spoken, now that it was in the open, it was possible that Jim, thrashing and convulsing and on the brink of delirium, might actually do just that. I may die of starvation and dehydration, said Bob to himself, but I will not die of drowning, not after seventy days in hell.

He must somehow get Jim's knife away from him. He could not let a potential madman possess a knife. But Bob lacked the strength to leap onto Jim and forcibly take the blade from him. Somehow he must talk the knife away.

"Jim?" Bob tried to keep his voice casual. No inflections of fear could dance upon it.

Jim grunted in his semiconsciousness.

"Can I borrow your knife?"

"What for?"

"I want to carve." Bob gestured to a new carving he had begun on the wall beside him. When finished, it would read, "Triton: Capsized July 11, 1973. If found, please notify the U. S. Coast Guard, San Francisco or Los Angeles." He was half done with the legend.

"Where's *your* knife?" Jim asked.

"I dropped it in the water this afternoon," Bob lied. It did not sound convincing, he decided. He must embellish the lie. "I did. I really did. I told you about it. You must have forgot."

"It's night. You can't see to carve."

"There's a moon, Jim. I can't sleep. Loan me your knife."

"No." The answer, cold and final, chilled Bob.

"Please, Jim."

The response, a rattling gasp for air.

After more eternal minutes crept by, Bob raised his head and looked at Jim's bed. The knife, gleaming in the moonlight, rested in its customary place, wedged next to a beam beside Jim's head.

Bob called out softly, "Jim, are you awake?"

A sigh.

Bob waited. He counted to a thousand. "Jim?" This time, nothing.

"Jim? Are you alive?"

Jim's chest rose and fell, almost imperceptibly.

Holding his breath, clenching his teeth together so they

would not chatter, Bob inched his hand toward the knife. The journey of less than three feet took an hour, until the moonlight was faded and the knife turned the cold steel hue of the stormy predawn. For as long as ten minutes at a time, Bob held his hand frozen, worried that its alien position would wake Jim and frighten him and send him into an act of violence.

Finally, cautiously, his hands pressed around the handle. Now! In a frenzy of movement, Bob seized the knife, yanked it from the wedge, flung it to his own bed where it fell safely and muffled at his feet.

Instantly Jim awoke, as if he had witnessed the theft in his dream. He went for his knife. His eyes, in the last light of the moon, were crazed.

"Where's my knife?" he demanded, surprisingly strong.

"I borrowed it," said Bob. "I asked you. I want to carve."

"Where's your knife?"

"We already went through that. I told you. I lost it."

Jim nodded, fell back asleep.

The food.

As the morning sun crept into the chamber spreading the September heat across them, it occurred to Bob that he had never actually *seen* the food supply. From the beginning, Jim had been superintendent of the food, and when it had been time for a meal, he had produced it, from the unseen storage place at the foot of his bed.

Thinking on that, a new worry ignited within Bob's jagged consciousness: If Jim dies today, I won't be able to find the food! What if Jim has hidden it? I have no strength to spend in searching. Or, worse, what if he goes into a religious frenzy and, while I sleep, drops the food into the sea and tells me it was a divine command?

He must take the food away from Jim. Now.

"Jim?" Bob touched the sleeping man's shoulder and shook him lightly. "Are you awake?"

Jim shuddered; his eyes flew open reflexively.

"Can I have the food, Jim? All of it?"

With enormous effort, Jim raised his head an inch off the mattress and looked halfway at Bob. "What for?"

"You're giving up, aren't you?"

"Why do you want the food?"

"Give it to me!" Bob almost screamed, startled that his lungs held the power.

Jim sounded puzzled. "Why? Do you think I'm dying?" he asked, almost pleasantly.

Why did I wait this long? Bob said to himself. He cursed. How can I negotiate with a man slipping in and out of sanity?

"Well," said Bob, "you keep telling me you're waiting to die. If you die, why leave the food—wherever it is you keep it? I don't have much strength left, either. I can't waste my energy trying to find it. . . . Your body will be in the way. . . . Please, Jim . . . give me the food."

"I can't."

"But I want to live."

"I just can't."

"Oh, God. Help me, Jim."

"I can't give you the food."

Angered, but too weary for argument, Bob let the subject drop. He turned in his bed and saw the calendar. He had not yet marked the date. His hands trembled as he chipped at the dampened wood, digging out a mark for September 19. Then his eyes fell across the house he had carved for Linda. It was finished now, with windowsills and flower boxes and intricate shapes for siding. The emotion of its memories filled him.

Hugging the house to his breast, he wept. This is all I have, he said to himself. This is the sum of my thirty-five years on earth. A toy house. At that moment, he teetered once again on the edge of surrender. Desperately hungry, so thirsty that his throat seemed lined with leather shreddings, afraid even to glance at his face in Linda's mirror, he permitted the temptation of death. Now it embraced him more seductively than when he had pushed Linda into the sea. How easy it would be to give up, to lie back, like Jim, and wait. Better still, he could slip off his bed and drop into the sea. How quickly it would cover him, consume him.

But Jim stirred, opportunely, with another violent spasm shaking his body and sending tremors across the ropes. At this intrusion, Bob put away the idea of his death. He would at least try to get through this day.

They fell asleep again, the two men, the seventy-first morning of life within an eighteen-inch air pocket.

In the late afternoon, Bob awoke in fright. A hand was on his shoulder. Wildly he turned and saw Jim's face bending near him.

"What is it?" asked Bob frantically, feeling for the place where he had hidden the knives. With relief he felt their blades between his mattress and the ropes.

"The food," said Jim, as if it were routine. "Here." He

pitched the piteous lot onto Bob's bed. One last can of sardines, the jar of peanut butter less than one quarter full, a pack of cherry Kool-Aid, a packet of freeze-dried peas. Bob had forgotten these. In the inventory of his mind he had misplaced them.

Eagerly he set about to prepare a meal. Bob filled his cup with seawater and dropped five peas in, watching them soak and expand, as if life were swelling within them. He ate them one at a time, savoring each molecule, taking a full hour to consume what would occupy but half a spoon. But never did his eyes stray from the restless, tossing figure of Jim.

When it was dark again, Bob began to think once more about how he would dispose of Jim's body. It could not be long before he must face this task. He could not possibly drag a dead man through the hole for burial as he had Linda. The simplest method, he reasoned, would be to push Jim off the bed and into the water, hoping that the body would wash out through one of the open hatches, as the tuna had found freedom. But what if it didn't? What if Jim's remains lodged against a corner of the *Triton* and stayed there, rubbing against the wood, making a noise of excruciating horror? What if the corpse bloated and rose to the surface and floated about beneath the bed? Bob threw the heels of his hands against his eyes and tried to black out the grim visions. There were moments when he wondered about his own sanity, when he questioned his rationality. Linda's mind had deteriorated. Jim's was splintering. When would he tumble into madness? Was he already there?

Near midnight Bob reached a terrible conclusion. If Jim died, he must take the knives and cut the corpse into little pieces and pitch them up and out and through the hole. The work would be strenuous, but there was no other option.

So it comes to this, he told himself, trying but failing to deny the horror of what he was thinking. He shuddered. Revulsion filled him. He promised himself he would not even consider this again. But it returned. Finally he knew that he could not expel this last demand of survival. He would renew his strength by drinking Jim's blood.

He began to sharpen the knives.

19

THE MOMENT HE AWOKE on the morning of September 20, Bob remembered what he had decided to do in the event of Jim's death. He looked carefully at his brother-in-law, noting that Jim was bulky with clothing—two pair of jeans, two wool sweaters, a ski jacket, and, on top of everything else, a wet suit and a life jacket.

How will I get all those off of him? Bob worried. By the time I peel the layers of clothes away, I will be too weak to use my knives. I must strip him now, before he goes. He must help me.

"Jim?" he called out once more. "It's morning. Are you still giving up?"

Silence.

"If you are giving up, Jim, can I have your life jacket?"

After several minutes, Jim suddenly said, quite rationally, "Yes, of course, after I'm dead."

"But I need it now, Jim. If you die, I'll never get it off you. I'm just as tired as you are."

"I'm cold at night."

"Please, Jim. Give me your life jacket."

When no response came, Bob shut his eyes to dam the tears of frustration. His head throbbed. He wanted to sleep, but he feared what Jim might do to him.

Near noon, their chamber was a steam room. Taking the towel, Bob dipped it in the sea and put it over his face, hoping it would cool him. He made note that he must raise the cloth every few seconds and inspect Jim. But the heat and the gentle rocking of the boat lulled him to sleep.

At the first sound, Bob thought he was dreaming, for long ago it had become difficult to mark the edge between consciousness and unconsciousness. But when the gagging noise continued, increasing, became reality, Bob ripped the rag from his eyes and spun around in his bed.

In horror he saw. He screamed, "No, Jim!"

While Bob slept, Jim had taken a long piece of the 150-pound test fishing cord and looped it about his own throat. Tying it to the beam behind him, he had lunged forward in his bed, clumsily seeking to push his body off the edge, into the water. Now he lay struggling, feet dangling above the water, the cord garrotting his neck.

In a blur of motion, Bob grabbed his knife and reached over to Jim. He easily sliced the cord that contained the noose. Then he seized Jim's shoulders and dragged him back to where he normally lay. The suicide was aborted.

Both men were spent. They lay trembling in their beds, limbs jerking involuntarily, mouths opening and closing in search of air. Neither spoke of what had happened. Perhaps, thought Bob, he will not remember it. He must be totally mad to risk the wrath of his God.

In the middle of the hot, quiet afternoon, Jim broke the silence. "I'm thirsty," he said.

"You'll have to wait till Monday," said Bob.

"When is Monday?"

"Today's Thursday . . . God, Jim, don't try to kill yourself again."

"Did I? I don't remember. . . . I can't wait until Monday."

"You'll have to."

Later, Jim sounded as if he were weeping. Bob listened, not daring to intrude. "I'm sorry," Jim said.

"That's all right," answered Bob kindly. "You didn't know what you were doing. We're both about out of our minds."

Something touched Bob. He turned slowly. Jim had removed his life vest and was handing it to Bob.

"Wear it," he said. "Or nail it on top."

Bob nodded. "Are you still giving up?"

There were no more words left in Jim. His lips moved silently in a prayer of submission.

Somehow they endured yet another night.

On the morning of September 21, their seventy-third day lost at sea, Bob awoke on schedule and felt somehow better. Perhaps yesterday was the bottom, he thought, as he took his sip of water. He examined the jug. If Jim died today, he decided, he would cut the water ration down even further. There were perhaps fifty swallows left. Fifty swallows could be fifty days. That will be Thanksgiving, said Bob to himself. I will be home by Thanksgiving.

He must keep himself occupied today, he decided. No longer could he drift in and out of sleep. He would resume the routine and stick by it. Until 10 A.M. he would carve, then he would read from Jim's book, then he would talk, one-sided as it surely would be, until noon. He would repeat the schedule until dinner.

"Jim!" Bob called the name sharply. He reached across and put his fingers across Jim's wrist, feeling the erratic pulse. There was still life.

Bob took out his knife and began to work on the message he was carving beside the bed. When rescue comes, he told himself, I will rip away this board and take it home as a souvenir. When I am a very old man, I will look at this board where it hangs above my fireplace and I will remember only what I want to remember.

Even the sun was benevolent. Removing the cover from the hole, Bob felt the early air of dawn freshen their quarters. But by the time he was done with his hour of carving, his eyes were burning, begging to be closed. Just a minute or two, he compromised. A catnap.

On this same early autumn morning, in Longview, Washington, members of Bob and Linda's family were gathered to pack up the possessions of the lost couple. Although no serious hope was held that they would ever be found, no one could bring himself to the final act of selling Bob and Linda's house and having a court declare them dead. It had been decided to rent the white frame cottage, once owned by an elderly Latvian couple. Bob and Linda had loved this, their first house, Linda always calling it "the kind your grandmother lived in."

All morning long, the family members worked at the unhappy task, wrapping Linda's china, silver, and the other wedding gifts. The new people who had rented the house voiced no objection to having the missing owners' possessions stored in the attic.

The day before, a faculty committee at the college where Bob taught voted to establish a memorial scholarship fund in his memory. Another teacher had been found to take over his history classes.

Bob felt vibrations. The *Triton* was shuddering.

He awoke with a start, anxious to push away the old nightmare of the boat disintegrating. But there were no unusual sounds, nothing that suggested boards pulling apart or beams splitting. Only a tremor—like the machine one stands on at a carnival to invigorate the feet.

Breathlessly, he waited for the trembling to go away.

Then he heard something else, alien to the sea: the whine of a machine.

He was afraid to draw his breath for fear that it was a dream and the dream would shatter. But the sound remained, grew, came closer. Reaching into the sea beneath him, Bob grabbed a handful of water and splashed his face, wanting the cold shock of reality to make real what was surely another fantasy.

For a fraction of a second, there was silence. Then the vibrations and the mechanical whines renewed. Finally, there were voices. Other voices.

With his last strength Bob struggled from his bed, crawled halfway through the hole, enough for him to see the outside world. Less than twenty yards away was an enormous yellow lifeboat, crowded with sailors, waving at him, snapping photographs of him, bearing him deliverance.

"Jim," he cried, not daring to move, for still he feared the hallucination would disintegrate. "People, Jim! I think there're people out here!"

When there came no response from Jim, he wondered if the supreme irony had transpired. Was Jim dead, at the precise moment of rescue? But then Bob felt Jim's hand clutch at his leg, the hand trying in vain to claw its way up his body. No strength was left in Jim to witness his rescuers, and he fell back, wordless.

Not willing to endure even another few seconds on the *Triton,* but realizing he must have energy, Bob seized the packet of Kool-Aid and crammed the contents into his mouth, staining his face cherry red, hoping the sugar would course through his atrophied muscles and feed him the energy for what he must do.

He screamed, "We're alive!" Then Bob pulled himself through the hole and sprawled onto the surface of the *Triton.* He lunged and fell into the sea, not caring about its shock, not feeling the cold, falling, flailing his arms, not worrying that he was perhaps cashing his last chip of strength.

Two heavily muscled arms reached quickly into the sea and raised Bob, sputtering and choking. As he felt himself lowered gently to the floor of the lifeboat and swaddled in warm, dry blankets, Bob gasped, "Jim's still in there!" He flung one numbed arm toward the *Triton,* but he held tightly with the other to the man with strong arms. His savior nodded and smiled in reassurance.

The lifeboat nuzzled alongside the capsized trimaran.

Two sailors leaped easily across and descended through the hole, where they found Jim. He was crying. He made an "okay" sign with his thumb and his index finger. As they lifted him like a malnourished child and made a cradle of their arms, he wept. "Thank you, God," he murmured. Then he blacked out.

When the sailors passed Jim's frail body across to the others in the yellow boat, he came to, blinking his eyes wildly, as a man emerging in the light and accustomed only to the darkness. He cried out abruptly, "We're missionaries!"

From where he lay at the bottom of the lifeboat, Bob heard the curious declaration and cleared his throat to correct it. But at that moment the engine revved and the boat burst away. Raising his head, Bob saw directly before them the most dazzling sight he had ever beheld—a glistening new cargo ship. He sobbed uncontrolledly.

As the lifeboat ascended by pulleys to the deck of the great ship, Bob glanced back for the last time. Already the *Triton* was but a speck on the sea. Even at less than five hundred yards, she was difficult to locate, her orange jackets and curtains and nailed down sinks and hot plates somehow melding and blending into the sun and shadows.

Bob held the *Triton* in his gaze for a moment. Then he shut his eyes. He could not look on her again.

20

TWO HOURS BEFORE, at about the moment when Bob was looking at Jim and wondering how he would peel away the layers of clothing so that he could more easily sever his limbs if he died, a young Scottish merchant seaman had gazed routinely out from his watch. The seaman served on the S.S. *Benalder,* a 58,000-ton British container ship, bound from the east coast ports of the United States to Japan. The huge vessel, almost one thousand feet long, was a few days out of the Panama Canal and hurrying to the Orient via the great circle route.

Something odd broke the monotony of the sea to the sailor's eye. At first he took what he saw to be a shadow. But when he lifted his binoculars, the shadow coalesced in focus and became a capsized boat.

The seaman strode briskly to the ship's master who peered down through his glasses. On a yellow pad he made these notes:

"Upturned trimaran, blue and white hull, possible number on side #WA 5456. Showing red flag. No signs life. Fresh paint!"

The *Benalder* was only a few thousand yards away at that moment, and the sea was calm, visibility good. If there were life aboard the pathetic little boat, said the master, surely someone would be out on deck—or whatever you call the bottom of a boat when it is floating on top of the water—waving a distress signal.

The master made the decision not to stop and inspect the mysterious sight. But he ordered the news radioed to the U. S. Coast Guard in San Francisco. There the message was received and studied by Lieutenant Victor E. Hipkiss, controller on watch. By a stroke of fortune, Lieutenant Hipkiss has been on duty during the fruitless search for the *Triton*. But that was two long months ago.

Nevertheless, Lieutenant Hipkiss was intrigued enough to request the master of the *Benalder* to turn his great ship around and dispatch a search party to investigate, board the trimaran, and determine its fate. Lieutenant Hipkiss told a skeptical colleague in the radio room that it was unlikely that this could be the *Triton*. He looked at the map dominating the control room. The *Benalder*'s radio position was more than a thousand miles due west of Los Angeles, almost halfway to Hawaii. A trimaran simply could not drift that far without breaking into pieces. A thousand miles!

But the mystery, said the lieutenant, was too tantalizing not to investigate.

The two men were carried on stretchers into a cabin that served as sick bay, and placed in adjoining beds. No doctor was on board, but a crew member familiar with routine medical procedures took their life signs.

Meanwhile, radio messages hurried back and forth across the Pacific, determining what to do with the two survivors. The nearest port was Hawaii, but the *Benalder* would have to make a costly and time-consuming detour. It was arranged, therefore, that the ship would take her new passengers to Midway Island, where a U. S. military plane could ferry them to a hospital in Honolulu.

The U. S. Public Health Service in Honolulu was notified, and doctors there cabled the *Benalder* with the following questionnaire:

1. Please give general statement about patients' condition.
2. Please give pulse, respiration, and temperature.
3. Can patients stand and walk by themselves?
4. Are patients suffering from sunburn or skin infection?
5. Do patients have any specific complaint?
6. Before sailing, did patients have any medical problems we should be aware of?
7. Did they take, or are they taking now, any medication?
8. Please describe how much water and what type of food patients had for two-month period.

The questions were quickly answered. Both men were in "fair" condition. Neither had sunburn or skin infection. Jim Fisher had lost one hundred pounds, Bob Tininenko only fifty. Neither was able to stand or walk. No known medical problems prior to departure on July 2. One item of concern: While Tininenko's pulse rate was a surprisingly stable 65, Fisher's was erratic and high, from 90 to 110. Their diet—chiefly sardines and peanut butter.

"Both men," radioed the *Benalder*'s master, "are extremely weak, especially Fisher, but they have been washed and are taking warm orange juice and they are in good shape, considering their extraordinary ordeal."

Within an hour of being aboard the *Benalder,* Bob was happily sipping orange juice. Jim could not hold a cup, nor keep the liquids down on his own, so he was fed drop-by-drop with a syringe.

No sooner was Bob done with the first cup of juice than he asked for a second. Then he took a glass of beef broth. Off went another cable to Honolulu: Exactly how much liquid could he safely consume? If the kidneys are functioning, came the reply, as much as he can accommodate. On the first day aboard the *Benalder,* Bob drank an astonishing ten gallons of liquid. That his kidneys worked well was cabled to the doctors in Honolulu waiting for the two men. The news was also known by the seamen who were busy emptying bedside urinals all day.

Telegrams were sent to the parents of Bob and Jim, and to Jim's wife, Wilma, via the Coast Guard. It was past midnight in Moses Lake, Washington, where Wilma Fisher was staying with her husband's parents. For two and one half months, she had drifted on a sea of her own, from relative to relative, not knowing her husband's fate, not willing to declare herself legally a widow, not able to accept the verdict of "lost and presumed dead" on everyone else's lips. She had prepared her two small sons by taking them aside one afternoon and telling them directly, "We may not see our Daddy again." But in her heart was still a small fire of hope. As devout as Jim, she prayed most of each day. That she had no home, no car, no furniture, no money, no future, that her third child was due in a few weeks, these concerned her less than being condemned to live in a cruel state of uncertainty.

For seven hours on this day of rescue the Coast Guard attempted to reach Wilma, but the telephone in her father-in-law's home was out of order. Finally Jim's sister was located and given the news, and she drove from her nearby home through the night at high speed, battered on the door with both her fists, and burst into the house screaming, "The fellows! They're safe! Wilma, Jim's alive!"

When she heard the news, Wilma quickly shut her eyes before the tears filled them, and, like her husband, she thanked God.

The two survivors spent five days on the *Benalder* en route to Midway Island, and on each morning they seemed improved. Bob's was the more remarkable progress. Sitting up within twenty-four hours, he was eating roast beef on the third day, holding the sailors spellbound on the fourth with his tale of adventure and survival. But Jim remained flat on his back, too weak to sit, spending most of his hours dozing and suffering the nightmares that continued to torment him, like an almost healed wound that would suddenly rupture and spill new poison.

During their recurrence, Jim woke up screaming, thrashing, terror in his eyes. Rails were positioned on his bed and he was gently tied down. He asked for a Bible; that became his chief nourishment. Sleeping, he held it tightly.

When Jim was conscious, the two men rarely spoke to one another, even though their beds were almost as close as they had been during their seventy-two days within the

Triton. The fluids softened their throats, but they remained dry with one another. There was no sense of "Look, we've come through." They were men who had exposed their souls; they were men who had journeyed to the outer reaches of human endurance, and perhaps they had shown too much of themselves. Now each wanted to be done with it and the memories. A new and chilling but not surprising barrier of silence rose between them.

Beyond this, a bizarre kind of competition developed, with Jim anxious to gain strength and health as rapidly as Bob. It was as if the duel of their conflicting philosophies had ended in a draw, to be won by the first man who could rise and walk and laugh and return to his full capacities.

When Bob ate roast beef on the third day and carved it himself, Jim wanted the same, although he clearly had not strength enough even to lift a fork to his lips. A seaman fed him oatmeal instead. When Bob rose from his bed and walked, unsteadily, to the toilet, Jim waited until the seaman was out of the room and attempted the same. But his face immediately bleached of color and he fell back perspiring and weakened. During the night, Bob heard Jim in prayer, heard him cautiously lower the rails of his bed, heard him try to swing his legs to the floor. Bob thought about warning Jim, but he realized that his caution would not be accepted. Instead, Jim tried desperately to get up in the darkness, but he could not accomplish the simple feat of standing alone. How long can he take these disappointing responses to his prayers? Bob wondered.

On September 26, the officers and crew of the *Benalder*

spruced up in stiff and gleaming whites to salute the U. S. Coast Guard, which was dispatching a tugboat from Midway to fetch the two star passengers. A verdant two-mile-square chunk of rock in the Pacific, Midway does not have a harbor deep enough to accommodate ships as large as the *Benalder*.

With music blaring from speakers scattered about the ship, flags waving, salutes popping, cameras clicking, the two survivors were ceremoniously placed onto stretchers and lowered carefully to the tugboat, tied alongside. The American seamen waiting below, while solicitous of their cargo, were in stark contrast to the Scottish crew. They dressed for the transfer in wrinkled and faded marine denims, along with a demeanor that, while businesslike, more resembled Wallace Beery with cigar stump in mouth than the formal protocol of the Scots.

Transferred from the tug to a military cargo plane at Midway, Bob and Jim were flown to Honolulu amidst a shipment of golf carts. En route, Bob learned that their destination was Castle Memorial Hospital, a renowned Seventh Day Adventist medical institution in Honolulu. This was on orders of Jim's family and Bob felt immediately a wave of annoyance. Was the church he had rejected going to make a propagandistic miracle out of their resurrection?

In Honolulu, the men were transferred by helicopter to the hospital parking lot, where beds on wheels were ready to rush them to separate rooms, Bob in a specially equipped area for emergencies, Jim in intensive care.

Tired from the airplane trip and the excitement of the

day, Bob fell asleep. When he awoke, a doctor with a somber face stood beside his bed.

"Would you like to call home?" the doctor asked.

"I think we should contact Wilma," agreed Bob. He was not yet ready to speak with Linda's parents. He could not handle his mother-in-law's tears and grief.

The doctor sat beside Bob and felt his pulse. He nodded reassuringly. "Jim's chemistry is off the chart," he said. "His condition is pretty serious. I think his wife should come, if she can."

"How serious?"

"We're still doing tests. He's a sick boy."

Once more the survivors met, in the hallway beside the nurses' station. A telephone call had been placed to Wilma in Moses Lake. Both men arrived in their rolling beds and they looked at each other as strangers. When the receiver was handed to Jim, he stared at it reluctantly, as if he had nothing to say, or as if he were ashamed to speak. The nurse cradled the phone to his ear and he murmured hello to his wife.

Jim spoke but a few broken words, then dropped the telephone to his lap. Bob took it and waited for the attendants to wheel Jim away. Then he told Wilma that she must come to Honolulu. "He needs you," said Bob. "He is failing."

When Wilma entered her husband's hospital room, she tried to hide the shock of seeing the shell of a man who was waiting for her. All the encouraging news she had heard from the press and the Coast Guard—"doing remarkably well, considering," "taking nourishment," "gaining strength"—all these descriptions must have come from another's chart, not that of the bearded man with the ashy eyes who grew weary even as he whispered her name.

She went to him and kissed him and both began to cry.

"I told you I was going to lose weight by the time I got to Costa Rica," he said.

She managed to laugh. She was determined to be happy before him. She told him not to use his strength talking to her. They would have the rest of their lives for that.

He would not have silence. "I love you so," he said.

"I love you, too, hubby," she answered, drying his cheeks where their tears had mingled in the embrace.

"I don't know where to start telling you," he said. "I'm just so sorry I ran away."

"But you didn't run away," Wilma said. "You were lost."

Jim repeated his shame. Somehow in his thoughts he had come to believe that he had abandoned his family.

"I'm sorry I ran away. Please forgive me."

"You *didn't* run away. You were on a mission for God."

He was happy with her forgiveness. Then he whispered Linda's name. Wilma nodded, indicating she knew.

"It's so sad," said Jim. "But Linda was ready to meet Jesus."

The brief talk so tired him that Jim closed his eyes and fell asleep, even as Wilma held him.

In Bob's room, the families gathered. He told the story of the seventy-two days to his parents, to Wilma, to his brothers and sisters. He sent a telegram to Linda's parents expressing his grief at the tragedy, promising to visit them as soon as he was able, to tell of her courage and love.

By coincidence, an important international figure in the Seventh Day Adventist Church was in Honolulu at the time, making appearances. Bob's parents brought the news that this great man wished to visit the sickrooms of the two who had survived the sea. Their faces showed the joy at such a request.

"I don't want that," said Bob sharply. "I won't have this turned into some religious circus."

But the parents pleaded. Couldn't the famous religious leader just drop by and say hello? No prayers would be said. No scriptures read before him. Bob sighed. It was easier to give permission than to explain why he wanted to be left alone. And he realized that nothing he said or did would dissuade his people from their belief that rescue was by the hand of God.

When the Adventist leader came to his room, Bob turned immediately to the wall and feigned sleep. The leader chatted briefly and warmly with Bob's parents, then went to see Jim.

On the third day of his stay in the Adventist hospital, Jim suffered kidney failure, and he was transferred, ironically, to a Catholic hospital, which had better facilities for renal cases. There he was put onto a dialysis machine. The next day his lungs congested with pneumonia. Then the blood infection called septicemia was discovered. Twice again he was put back on the kidney machine, but the treatment failed. His condition was so poor that there was no consideration of a kidney transplant. So deteriorated was he by the ordeal that he was likened by his doctors to a very old man whose parts were going out, one by one. The family intensified its prayers.

On October 2, Wilma spent much of the morning reading to her husband from the Bible. Again she urged him not to talk, but Jim had taken to hoarding his energy and waiting to spend it on his wife.

She read a passage from Revelations and the words both comforted and brightened him. "I saw the dead," she said, "great and small, standing before God; and the Books were opened, including the Book of Life. And the dead were judged according to the things written in the Books, each according to the deeds he had done. The oceans surrendered the bodies buried in them; and the earth and the underworld gave up the dead in them. Each was judged, according to his deeds . . ."

Jim took her arm and pulled Wilma close to his lips. "No matter what happens, we must believe in the will of God," he said.

Wilma nodded. She hurried to finish the passage before her voice broke. ". . . Yes, God himself will be among them. He will wipe away all tears from their eyes, and there shall be no more death, nor sorrow, nor crying, nor pain. All of that has gone . . . forever . . ."

Jim tried to raise his head. Wilma put her hand to his neck and cradled him. "God did hear my prayers, didn't He?"

"Of course, hubby."

"I tried to do the will of God, Wilma. You understand that, don't you?"

She nodded again. She saw the profound weariness

moving over her husband and she kissed him, promising to return after he slept.

She went downstairs for less than ten minutes. And when she returned, Jim was dead.

The doctor who brought the news to Bob wept. But Bob did not. How curious, he said to himself. He felt sorrow at the news. His sister had lost her husband, his nephews and the unborn child had lost their father. But he did not feel the pain of bereavement that pours acid on the soul. He tried to analyze his feeling. He did not understand fully why he felt the way he did.

Two weeks later, on the day he was discharged from the hospital, Bob was wheeled downstairs and, he thought, toward the ambulance that would take him to the airport. But there remained an unscheduled stop, one he had not been told about. Abruptly Bob was pushed into the hospital chapel, where the families were gathered, their hands linked in a prayer circle. The moment was awkward. "Leave me alone!" Bob wanted to cry. But he endured their prayer and raised his head when the photographers asked for pictures. These would not reveal a man in beatitude.

On the long flight to Los Angeles, where physical therapists and nutritionists waited to restore his arms (only four inches around at the biceps) and his legs (less than seven inches at the thigh), Bob took a seat next to the window. Once, when the clouds broke, he glanced down and saw the Pacific stretching forever below him.

Fascinated for a time, he observed the sea. The Coast Guard officer who had come to take his statement in the hospital had speculated that one day, perhaps, the *Triton* might wash ashore. If her course held, it might be somewhere in the South Seas. At first, Bob was elated at the prediction. In his haste to leave on the morning of their deliverance, he had forgotten to take with him the house he had carved for Linda and the calendar and the cheap compass, all of which he had wanted as tangible memories. Nor had he remembered to drink the can of celebratory root beer.

But now, as he turned his eyes from the sea and drew the shade, he changed his mind. He hoped that the *Triton* would never touch land again. Better that she contain her secrets, better that she stay forever adrift, a prisoner of the sea.

He tried to read, but the words blurred before him. He put on the earphones, but the music became three frightened people singing the "Doxology." He closed his eyes, but the image of an overturned trimaran was burned on the inside of his eyelids. He opened the shade once more and looked again at the sea.

I won, he told himself. My code bested Jim's. I proved that if a man husbands his energy and uses his mental powers resourcefully, then that man can pass—marked, but basically unharmed—through the most excruciating of ordeals. Jim gambled everything on his naïve passion for God. And he lost.

But Bob felt no victory. If he had won, why was his spirit troubled? Why was his sleep not the sleep of a secure and contented man? Why did he even find himself, in fleeting moments, envying Jim, who had slipped serenely to death and its promise of resurrection?

The thoughts overwhelmed him. He put them away. But he knew that after his muscles were rebuilt and his health restored, they would continue to torment him. He would wrestle with God until the last day of his life.

ACKNOWLEDGMENTS

OBVIOUSLY THIS BOOK could not have been written without the cooperation of Bob Tininenko, and I hereby acknowledge my thanks to him. He is the kind of subject that a writer always hopes he will encounter—articulate, possessed of an excellent memory, willing to answer any question, and able to put his incredible experience in perspective.

Bob Tininenko has regained his health and is now teaching again at the college in Washington State. His only physical complaint is an occasionally irregular heartbeat and rapid pulse; these bother him now and then. He now weighs approximately 185 pounds, near his normal weight.

Bob helped me reconstruct the conversations that took place on the voyage, and I believe they are, in essence, accurate. Of course there are places where what somebody said can only be approximated, but all in all, the book should be taken as a documentary.

Other people gave me help and encouragement. My deep appreciation extends to the Coast Guard Search and Rescue Unit and Public Information Office at San Francisco (one of those increasingly rare government agencies that are candid and open with inquiries); to various courteous and helpful members of the families of Bob and Linda Elliott Tininenko, and of Jim Fisher—Wilma Fisher, especially; to N. C. DeWolfe; to U. S. Marine Meteorologist Robert Baum, in Redwood City, California; to my agent, Robert Lantz; to Jim Pfeil, for helping transcribe several days' worth of tapes; and to assorted friends and relatives who sustained my unintentioned rudenesses and absences while trying to write this book. These include my sons, Kirk and Scott, my parents, Mr. and Mrs. C. A. Thompson, and fellow writers and friends Judy Giness and Marcia Seligson.

